Roland Jahn
Wir Angepassten

PIPER

Zu diesem Buch

»Wie habe ich in der DDR gelebt? Einfach ist es nicht, sich dieser Frage zu nähern. Sie birgt die Gefahr, unbequem zu werden für jeden, der ihr ernsthaft nachgeht. War ich angepasst? Habe ich widersprochen? Hätte ich anders handeln können? Mir geht es dabei um Aufklärung, nicht um Abrechnung. Ich will vor allem Mut machen zu erzählen. Weniger werten und voreilige Schlüsse ziehen als vielmehr ein offenes Gespräch führen. Denn es gibt keinen allgemein gültigen Maßstab über das ›richtige‹ Verhalten in einer Diktatur.« So beschreibt Roland Jahn das Anliegen seines Buches. In elf Kapiteln reflektiert er aus eigener Erinnerung das Leben in der DDR zwischen den Polen Anpassung und Widerspruch.

Roland Jahn, geboren 1953 in Jena, wurde 1982 nach »staatsfeindlichen« Aktivitäten inhaftiert und verurteilt. 1983 wurde er nach seiner vorzeitigen Freilassung gegen seinen Willen gewaltsam aus der DDR gebracht. Von West-Berlin aus hielt er Kontakt zu DDR-Oppositionellen, die ihn heimlich mit Informationen versorgten. Er berichtete für ARD und ZDF über Menschenrechtsverletzungen und Umweltzerstörung in der DDR. Im Januar 2011 wurde er vom Deutschen Bundestag zum Bundesbeauftragten für die Stasi-Unterlagen gewählt.

Roland Jahn

WIR ANGEPASSTEN
ÜBERLEBEN IN DER DDR

Unter Mitarbeit von Dagmar Hovestädt

PIPER
München Berlin Zürich

Mehr über unsere Autoren und Bücher:
www.piper.de

Für meinen Freund Jürgen Fuchs

MIX
Papier aus verantwortungsvollen Quellen
FSC® C083411

Ungekürzte Taschenbuchausgabe
September 2015
© Piper Verlag GmbH, München/Berlin 2014
Umschlaggestaltung: semper smile, München, nach einem Entwurf
von Büro Jorge Schmidt, München
Umschlagabbildung: Harald Hauswald/OSTKREUZ
Satz: hanseatenSatz-bremen, Bremen
Gesetzt aus der Swift
Druck und Bindung: CPI books GmbH, Leck
Printed in Germany   ISBN 978-3-492-30816-8

Inhalt

Respekt vor der Biographie
Vorwort zur Taschenbuchausgabe   7

Vorwort
Erzählen als Chance   11

Nachdenken
Zwischen Anpassung und Widerspruch   13

Entscheiden
Weichen stellen für das Leben   21

Eintakten
Fröhlich sein und singen   35

Schweigen
Die Sorge, erkannt zu werden   51

Gewöhnen
Was bleibt uns anderes übrig?   65

Mitlaufen
Es lebe der 1. Mai!   79

Unterordnen
Es war doch Pflicht   95

Mitmachen
Anerkennung für die geleistete Arbeit   115

Angst überwinden
Die Folgen außer Acht lassen   131

Widersprechen
Der Preis des Handelns   145

Erinnern
Bekenntnis zur Biografie   161

Ein Dank   175

Anhang
  Literatur   179
  Personen   181
  Anmerkungen   189

Respekt vor der Biographie

Vorwort zur Taschenbuchausgabe

Wie war das Leben in der DDR wirklich? Die Reaktionen auf das Buch, bei Buchlesungen, in vielen Briefen und E-Mails, zeigen: Die Einladung zum Erzählen ist angenommen worden. Dies ist eine Erfahrung, die einen Autor demütig werden lässt. So viele Leben sind tatsächlich gelebt worden, so viele Geschichten brauchen Raum. Es gibt immer noch viel Dringlichkeit und Notwendigkeit, sich auszutauschen über das Vergangene, über das Leben in der DDR und den Blick von außen auf das Land.

Wenn es einen gemeinsamen Nenner der Reaktionen seit dem ersten Erscheinen von *Wir Angepassten* gegeben hat, dann das Gefühl der Befreiung. Befreit davon zu sein, das Leben in der DDR – und vor allem das eigene Leben – nur unter dem Blickwinkel von Tätern und Opfern zu sehen, nur in vorgefertigten Schubladen zu denken. Es gab so viel mehr dazwischen. Das habe ich immer wieder an den Abenden mit Publikum erlebt. Es hat die Menschen beflügelt, sich erinnern zu dürfen, ungefiltert und an alles. Sich ganz individuell dazu zu bekennen, wie es war, wie man es erlebt hat, wie man selbst gelebt hat. Um dann vielleicht im nächsten Schritt zu analysieren, wie das zu bewerten ist, was davon heute noch übrig ist und was es bedeutet.

Der Wunsch, sich nicht in die Kategorien Gewinner und Verlierer einordnen zu lassen, ist überdeutlich zu spüren. Das ist für mich auch eine Aussage zur Einheit der Deutschen, 25 Jahre nach dem 3. Oktober 1990. »Warum sollen wir uns als ehemalige DDR-Bürger dafür rechtfertigen müssen, in der Diktatur gelebt zu haben? Wir haben es uns ja nicht ausgesucht.« So schrieb mir jemand in Reaktion auf das Buch, geboren im Jahr 1942. Er erlebt im vereinten Deutschland eine quasi verordnete Bußfertigkeit Richtung Osten und vermisst die Selbstkritik derjenigen, die auch ihre westdeutsche Zeit reflektieren könnten und ihre Gleichgültigkeit den Menschen im Osten gegenüber.

Respekt vor der Biografie: Diese Botschaft hat beim Lesen auch etliche Menschen erreicht, die im Westen aufgewachsen sind. Rational war die Teilung Deutschlands nachvollziehbar, aber, so schrieb jemand, der in den 80er-Jahren seine Kindheit im Rheinland verbracht hat, schmerzlich war sie für ihn nie. Wirklich zu begreifen, was hinter der Mauer vor sich ging, hat ihm die Beschäftigung mit dem alltäglichen Leben dort ermöglicht. Nachzuvollziehen, wie sich das Leben jenseits von Opfern und Tätern für die meisten Menschen in der DDR dargestellt hat, hat ihm den Osten nähergebracht. Und ihn zu einer neuen Verbundenheit mit der Geschichte der Deutschen geführt, die 40 Jahre hinter der Mauer leben mussten.

Für viele war es nicht einfach, für sich den Titel *Wir Angepassten* zu akzeptieren. Andere wiederum haben ihn sofort auf heute bezogen. Auf die Anpassung an die jetzigen Verhältnisse, an die immer bestehende Spannung zwischen dem, was in einem steckt, und dem, was die Umstände und die Gesellschaft um einen herum verlangen. Auch heute gibt es das Recht auf Anpassung. Aber gerade deshalb möchte ich ein Bewusstsein dafür schaffen, dass man sich die Freiheit, so zu sein, wie man ist, bewahren sollte. Und wach bleiben sollte für die Frage: Wie weit darf Anpassung gehen? Welche Verantwortung trage ich für meine Entscheidungen in diesem Spannungsfeld? Solange wir die Einhaltung der Menschenrechte zur Basis unserer Gesellschaft machen und lebendig und demokratisch darüber diskutieren, wohin wir uns entwickeln, sind wir auf dem richtigen Weg.

Insofern hoffe ich, dass die Ermunterung zur offenen Erinnerung weiter Früchte trägt. Ich wünsche mir viele neue Erzähler über das Leben in der DDR und viele offene Zuhörer. Dialoge in Familien, in Ost und West, Nord und Süd. Und viele Erkenntnisse, die das gelebte Leben vorher zu einem Gewinn für unser Leben heute machen.

Roland Jahn, im August 2015

Vorwort

Erzählen als Chance

Ich glaube, dass das Erzählen über die DDR eine Chance sein kann. Es steckt noch viel Ungesagtes in dieser Vergangenheit. Offen zu erzählen kann befreiend sein. Dieses Buch will deshalb zum Erzählen einladen. Über die Bedingungen, unter denen Menschen in der DDR gelebt haben.

Wir Angepassten enthält Erinnerungen an mein Leben in der DDR, an Geschichten von Freunden und Weggefährten. Es sind Geschichten, die Menschen damals und nach dem Ende der DDR über ihr Leben dort erzählten. Es sind Episoden und Fragmente, beileibe keine systematische oder umfassende Analyse. Die Lücken mögen Anregung für das Erinnern und Erzählen anderer sein.

Die Kapitel widmen sich lose verschiedenen Formen von Anpassung und Widerspruch. Dabei überschneiden sich die Überlegungen zu den verschiedenen Formen. Es sind Beschreibungen anhand konkreter Erlebnisse, die Menschen dazu bewogen haben, sich zu gewöhnen, zu schweigen, mitzulaufen oder auch die Angst zu überwinden.

Allen diesen Erinnerungen ist gemeinsam, dass sie zeigen, dass das Leben unter den Bedingungen der Diktatur Menschen oft vor unmögliche Entscheidungen stellt. Das eigene Menschsein wird auf eine bisweilen absurde Art getestet. Ich glaube, dass im Erzählen all dieser Geschichten ein wichtiger Schritt für unser Zusammenleben heute getan werden kann.

Wichtig ist mir, dass die Bedingungen für das Erzählen stimmen. Dass wir alle offen mit den Erinnerungen in vielen Perspektiven umgehen. Niemand war nur gut oder nur schlecht. Nur widersprechend oder nur angepasst. Viele Menschen haben versucht, aufrecht unter den Bedingungen des »real existierenden Sozialismus« zu leben. Nicht immer ist es gelungen.

Wir haben noch viel zu wenig erzählt darüber, wie wir in der DDR gelebt haben. Viel zu wenig berichtet von all den vielen alltäglichen Details. Vielleicht schaffen wir es, uns zu öffnen für die Geschichten, die in uns schlummern.

Roland Jahn
Berlin, im August 2014

Nachdenken

Zwischen Anpassung und Widerspruch

Wir Angepassten. Um den Titel dieses Buches haben wir eine Weile gerungen. Er sollte niemanden vor den Kopf stoßen und doch provozieren. Aber es ist klar: Das Wort Anpassung ist sperrig. Es ruft Abwehr hervor. Als ich mit meinem Freund Peter Rösch für dieses Buch über unser Leben in der DDR gesprochen habe, darüber, dass wir uns doch auch in bestimmte Abläufe eingetaktet, uns also angepasst haben, da hat er mir spontan widersprochen. »Ich habe mich nicht angepasst.« Niemand will ein Anpasser sein. Und doch haben wir es alle getan. Und tun es noch. Damals und heute.

Sich den Umständen anzupassen, das gilt in Natur und Technik als klug. Es kann eine Überlebensstrategie sein. Anpassung als Prinzip, das hat der Menschheit das Überleben gesichert. Und doch empfinden wir es meist nicht als positiv, wenn sich jemand anpasst. Die »Unangepassten«, sie finden heute – gerade im Rückblick auf die DDR – schneller Zuspruch.

Als ich neulich zum Thema »Warum ich **nicht** zum Mitläufer wurde« sprechen sollte, habe ich gezögert.

Es wäre die Erzählweise geworden, die man gern hört, die Mut machen soll. Es wäre eine klare Rollenzuweisung gewesen: Ein politisch Verfolgter erzählt von seinem Widerspruch gegen das System und den Folgen. Aber interessanter erschien es mir, auch die Momente zu reflektieren, in denen ich mich angepasst habe. Ich habe den Vortrag einfach umbenannt in »Zwischen Anpassung und Widerspruch«. Das Leben in der DDR, in einem Land mit Mauer und Stacheldraht, unter einer Ein-Parteien-Herrschaft und ohne den umfassenden Zugang zu Menschenrechten, es war komplizierter, als die gängigen Kategorien es den Menschen zugestehen. Die Schubladen Täter/Opfer/Mitläufer beschreiben nicht wirklich, wie Menschen in der DDR gelebt haben. Und so habe ich in meiner Rede darüber gesprochen, wie ich mich angepasst habe an die Vorgaben des Staates und dann zwischen Anpassung und Widerspruch meinen Weg gesucht habe.

»Anpassung« ist die Haltung, die für mich den Alltag unter den Bedingungen einer Diktatur stark geprägt hat. Genau darüber haben wir noch viel zu wenig gesprochen und es noch viel zu wenig analysiert. Es ist ein vielschichtiges Verhalten, stetig gefangen in einer Dynamik zwischen der Abwägung der Kosten oder dem Nutzen des Anpassens und der Kosten oder dem Nutzen des Widersprechens.

Diese Prozesse habe ich auch in meinem eigenen Leben in der DDR gespürt, immer wieder. Auch ich habe mich eine Zeit lang in den vorgezeichneten Bahnen des SED-Staates bewegt und stetig die Kosten und Nutzen meines Verhaltens abwägen müssen. Wenn man also über den Alltag in der DDR reflektiert, so sollte man den Aspekt der Anpassung und der Mechanismen, die an uns als Menschen gewirkt haben, viel stärker beleuchten. Niemand war nur Rebell oder nur Angepasster. Wir brauchen einen Prozess des offenen Nachdenkens über das Leben in diesem Staat DDR, in dem wir unseren Alltag gelebt haben.

Wir sind in der DDR aufgewachsen, zur Schule gegangen, haben Berufe gelernt, Familien gegründet, Geburtstage und Weihnachten gefeiert. Wir haben gelebt. Gute Erinnerungen geschaffen und schlechte. Woran erinnert man sich? In der Regel doch wohl zuerst an das eigene Leben, an das Private. Vielleicht auch daran, wie dieses Leben mit den großen politischen und kulturellen Ereignissen kollidierte und von ihnen eingerahmt wurde. Aber der Staat DDR, der von einer Partei, der SED, bestimmt wurde, hat den Menschen, die in ihm lebten, viel zugemutet. Er hat sich immer wieder in das Private der Menschen eingemischt, um jeden Widerspruch, der den Anspruch der Partei auf Allmacht gefährden konnte, im Keim zu ersticken Die SED war letztendlich an ihrem dauerhaften Machterhalt interessiert und hat dazu ein Staatsgebilde gebaut, das systematisch die Menschenrechte einschränkte oder auch verwehrte. Dazu musste sie sich jederzeit darum bemühen, das Denken der Menschen in ihrem Sinne zu kontrollieren. Und das hat zu massiver Repression und Verfolgung geführt.

Täter und Opfer. Das sind die Begriffe, um die sich die öffentliche Diskussion zur DDR hauptsächlich rankt. Die Opfer, die Menschen, die ihre Menschenrechte wahrgenommen und für ihre Selbstbestimmung gekämpft haben und die deswegen aus der Bahn geworfen, ins Gefängnis gesperrt wurden, sogar mit dem Leben bezahlten – sie haben unsere Aufmerksamkeit, unseren Respekt und unser Mitgefühl verdient. Sie haben Unrecht erlebt, sie sind an Leib und Seele beschädigt worden, ihr Leben ist durch die Unterdrückung der Menschenrechte in der DDR oft aus den Fugen geraten. Und deshalb gehört zur Aufarbeitung dieses Unrechts dazu, dass man Täter und Verantwortung benennt. Das SED-Regime hat funktioniert, weil viele Menschen verantwortlich für das Unrecht gehandelt haben. Diese Pole der DDR-Gesellschaft, sie verkörpern die Extreme, und das macht sie besonders interessant und einsichtsvoll. Sie spiegeln aber nicht das gesamte Bild wider: Die Mehrheit der Menschen, die in der DDR gelebt haben, kann sich weder mit der Definition eines Täters noch mit der eines Opfers identifizieren. Die großen Debatten über Stasiverstrickung und Diktaturanalyse fegen direkt über ihre Erinnerung hinweg. Das Wort Diktatur kommt vielen nicht unbedingt in den Sinn, wenn sie an ihr Leben in der DDR denken. Auch in der Diktatur schien die Sonne.

Das Leben in der DDR, es war ein Leben zwischen Anpassung und Widerspruch. »Die meisten lebendigen Menschen in der DDR haben nämlich immer beides zugleich: sich angepasst und widerstanden«, schreibt Wolf Biermann[1] und verweigert sich der Entscheidung nach Anpassen oder Widerstehen in der DDR. »Ein ›UND‹ wäre treffender.« Der Historiker Stefan Wolle, der in der DDR groß geworden ist, fasst die Zeit zwischen seinem 17. und 40. Lebensjahr »als einen einzigen Eiertanz«[2] zusammen. Eiertanz. Das Wort passt für so vieles, was ich mit der DDR verbinde. Sich durchlavieren. Das eine sagen, das andere meinen. Strategien und Taktiken entwickeln, die das Geforderte bedienen, ohne sich selbst zu verraten. Das System hat eben auch funktioniert, obwohl so viele dagegen waren.

Wie habe ich in der DDR gelebt? Einfach ist es nicht, sich dieser Frage zu nähern. Sie birgt die Gefahr, unbequem zu werden für jeden, der ihr ernsthaft nachgeht. War ich angepasst? Habe ich widersprochen? Hätte ich anders handeln können? Mir geht es dabei um Aufklärung, nicht um Abrechnung. Ich will vor allem Mut machen zu erzählen. Weniger werten und voreilige Schlüsse ziehen, als vielmehr ein offenes Gespräch führen. Denn es gibt keinen allgemeingültigen Maßstab über das »richtige« Verhalten in einer Diktatur.

Anpassen oder widersprechen, das war in der DDR in hohem Maße individuell. Der alleinstehenden Mutter mit zwei kleinen Kindern kann man z.B. keinen Vorwurf daraus machen, dass sie nicht zur Demonstration für Meinungsfreiheit ging. Die Risiken waren unkalkulierbar. Es war verständlich, das Wohl der Kinder im Auge zu behalten und sich anzupassen.

Doch es gibt auch Situationen, die weniger klar und nicht so schnell einzuschätzen sind. War es verwerflich, an den staatlichen Feiertagen die DDR-Fahne vors Haus zu hängen, weil man Ärger vermeiden wollte? Oder war es einfach taktisch klug? Und wie sind wir später dann mit unseren Entscheidungen umgegangen? Waren wir enttäuscht über uns selbst, verängstigt – oder war es uns am Ende egal, weil wir uns längst gefügt hatten in das Schicksal, in einem Land mit Mauer, Stacheldraht und Schießbefehl leben zu müssen?

Bis heute haben wir keine ausreichende Erklärung

dafür, dass die DDR so lange existieren konnte. Warum dauerte es 40 Jahre, bis sich die Menschen endlich trauten zu sagen, dass die Machthaber »des Kaisers neue Kleider« trugen? Bis sie den Mut hatten, auf die Straße zu gehen, ihre Rechte wahrzunehmen – und sie schließlich die Mauer zum Einsturz brachten? Wenn wir wirklich verstehen wollen, warum diese Diktatur 40 Jahre funktioniert hat, dann brauchen wir auch Aufklärung über das, was die Mehrheit der Bewohner der DDR erlebte und wie sie mit den Zwängen des Systems umgegangen sind: Zur Wahl gehen oder den Studienplatz riskieren? Den Kontakt zur Tante im Westen abbrechen oder den beruflichen Aufstieg gefährden? Den Unmut über die fehlende Meinungsfreiheit schlucken oder ins Visier der Stasi geraten?

In einer Diktatur sind die Konsequenzen des Handelns ungleich weitreichender als in einer Demokratie. In unterschiedlichsten Lebenslagen, in unterschiedlichen Jahrzehnten hatte jede Art von Verhalten in der DDR unkalkulierbare Folgen. Man konnte sich nie darauf verlassen, was wirklich passierte, wenn man sich dem verlangten Verhalten verweigerte.

Tatsächlich ist in vielen Fällen wenig oder gar nichts passiert. Nicht selten aber ist ein Mensch komplett aus der Bahn geworfen worden durch den Eingriff des Staates in ein Leben. Diese Eingriffe, die auch für andere sichtbar waren, hatten einen weiteren Effekt. Sie führten dazu, dass man sich selbst zurückhielt. Dass man zu wissen glaubte, wo eine Grenze erreicht war, und die Konsequenz daraus zog. Zum Schutz der eigenen Familie, der Freunde, für das eigene Wohlbefinden und auch zum Überleben.

Warum aber haben manche widersprochen, und warum haben so viele mehr mitgemacht? Hatte nicht jeder auch einen kleinen Anteil daran, dass es so lange gedauert hat? Wenn schon viel eher viel mehr Menschen ausgestiegen wären, sich den Zumutungen des Staates verweigert hätten – den gefälschten Wahlen, den Ergebenheitsadressen, den Mai-Paraden –, wäre die DDR dann nicht schon viel eher am Ende gewesen? Oder ist das alles nur schönes Wunschdenken?

Menschen haben auch ein Recht auf Anpassung. Anpassung, das klingt nicht wirklich heldenhaft. Aber war es nicht der Weg, den die meisten für sich wählten? Man muss doch nicht mit dem Kopf gegen die Wand rennen. War das nicht vernünftig, zum Wohle der Familie und des eigenen Lebensglücks? Wer darf das verurteilen? Anpassung ist seit Menschengedenken überlebenswichtig. Die Art und Weise, wie wir uns anpassen, und das Maß der Anpassung in der jeweiligen Situation aber sind variabel. Jeder, der sich anpasst, hat auch einen Spielraum. Und es gibt viele Formen der Anpassung, von Schweigen bis Anbiederung. Aber Anpassung hatte eben auch einen Preis. Sie hat denjenigen, die von Staats wegen Unrecht begangen haben, zur Legitimation gedient.

Anfang der 80er-Jahre kursierte in Jena im Zusammenhang mit politischen Inhaftierungen eine Postkarte mit folgender Maxime: »Wo das Unrecht alltäglich ist, wird Widerstand zur Pflicht.« Man kann den rigorosen Moralismus bewundern, der in dieser Maxime steckt. Aber diese Aufforderung wird den Menschen nicht gerecht, die unter den Bedingungen einer Diktatur leben mussten, weil eine derartige Maxime

Übermenschliches verlangt. Wer kann das verlangen, dass sich jeder gegen die Umstände auflehnen *muss*, wenn Unrecht von Staats wegen geschieht? Man also aufgefordert wird, es Inhaftierten gleichzutun? Es kann keine Pflicht sein, ins Gefängnis zu gehen. Es kann auch keine Pflicht sein, die Erfahrungen der vorhergehenden Generationen zu ignorieren. Deren Versuche, sich gegen das Unrecht zu wehren, wurden sogar mit Panzern niedergemäht. Der 17. Juni 1953, die gewaltsame Niederschlagung des Arbeiteraufstands, wurde zum Trauma, das noch Jahrzehnte fortwirkte. Ebenso wie der 13. August 1961, der Mauerbau, und der 21. August 1968, die Niederschlagung des Prager Frühlings.

Wir sollten uns viel mehr darüber erzählen, wie und warum wir uns den staatlichen Vorgaben so lange angepasst haben. Wir sollten unsere individuellen Erfahrungen austauschen. Ohne Vorwürfe. Ohne Vorverurteilung. So können wir besser erkennen, welche Konsequenzen unser Verhalten hatte. In jedem einzelnen Fall, positiv wie negativ. Sich auf diese Erzählung einzulassen geht vielleicht nicht ohne Schmerz. Es kann wehtun, sich einzugestehen, dass die Entscheidung, sich anzupassen, Folgen hatte, Folgen für einen selbst und für andere. Dass man als ein Rädchen im Getriebe sich drehte und so mit dazu beigetragen hat, dass das System insgesamt funktionierte. Aber es kann auch Erleichterung verschaffen, eine neue Klarheit, für das Hier und Jetzt.

Entscheiden

Weichen stellen für das Leben

Der Name auf dem Zettel sagte mir nichts, ich hatte erst einmal keine Ahnung. »Wer ist denn das?«, fragte ich die Sekretärin. »Er meint, er kennt sie von früher. Von der Uni in Jena.« Ich musste in meiner Erinnerung kramen. Könnte es wirklich einer meiner ehemaligen Mitstudenten sein? Fred Maiwald.* Die vage Vermutung verdichtete sich, als ich ihn anrief. 36 Jahre war es her, dass wir voneinander gehört hatten. Verrückt, dass der Klang einer Stimme die Erinnerung beschleunigt. 36 Jahre ist es her, dass wir zusammen in einem Seminar saßen. Unser letztes gemeinsames Uni-Erlebnis war denkwürdig. Es ging um eine Entscheidung, über die alle Studenten gemeinsam abzustimmen hatten. Seither waren wir alle unserer Wege gegangen. Aber Fred wollte nach all den vielen Jahren mit mir reden. Er hatte einen Artikel in der Zeitung gelesen, in dem ich erwähnt worden war. »Da kam alles wieder hoch. Ich muss dir einfach persönlich erklären, was

---
*Name geändert.

damals war.« Wir verabredeten uns in einem Café in Berlin. Ich war erfreut, überrascht und neugierig. Auf ihn, auf die Erinnerung. Und sehr gerührt, dass er sich gemeldet hatte. Es war ein eindringliches Gespräch, seine Erinnerung glasklar. »Roland, du musst wissen, ich habe nichts von all dem, was damals passiert ist, jemals vergessen können. Es hat sich mir eingebrannt. Jeder Moment, jeder Satz, jedes Gesicht.«

Der 5. Januar 1977 war ein kalter Wintertag. Meine Studentenbude am Markt war nur ein paar Minuten von der Uni entfernt. Die meisten Seminare fanden in den altehrwürdigen Gebäuden der Friedrich-Schiller-Universität statt. Manche der Mauern standen seit der Gründung der Uni 1558 hier, fast 500 Jahre Geschichte. Es war mir ein beruhigendes Gefühl, dass schon so vieles an diesem Ort geschehen war. Es war eine stete Erinnerung an die Veränderung der Dinge.

In den frühen 70er-Jahren expandierte die Uni. So thronte seit 1972 der Uni-Turm, ein riesiger kreisrunder Stahlbeton-Glaskasten, 29 Stockwerke hoch, im Stadtzentrum. Er war vom Ministerrat der DDR beschlossen worden, um auch meiner Heimatstadt ein »sozialistisches« Aussehen zu verpassen. Als ich 16 wurde, hatten sie begonnen, die wenigen vom Zweiten Weltkrieg weitgehend verschonten Wohn- und Geschäftshäuser rund um den Eichplatz abzureißen. Im Oktober 1972, kurz vor dem Beginn meines Grundwehrdienstes als 19-Jähriger, war das runde Universitäts-Hochhaus eingeweiht worden.

Ich hatte mich im September 1975, als ich mein Studium der Wirtschaftswissenschaften an der Fakultät für »Sozialistische Betriebswirtschaft« begann, immer noch nicht an seinen Anblick gewöhnt. So ein Glas- und-Stahl-Koloss an der Stelle, wo zuvor jahrhundertealte Häuser eine ganz andere Stadtgeschichte erzählt hatten. Aber die Aussicht aus dem 25. Stock, in dem die Sektion Wirtschaftswissenschaften der Uni angesiedelt war, genoss ich dennoch. Der Blick über die Stadt auf die Jenaer Berge, den Fuchsturm, den Jenzig, auf die Kernberge, die das Refugium meiner Freunde waren. Ein Wald ohne Grenzen, so empfanden wir es, in dem wir wanderten, picknickten, diskutierten, weit weg von dem, was in der DDR von jungen Menschen offiziell verlangt wurde. Wenn ich auf die Berge blickte, musste ich grinsen. Viele gute Erinnerungen, die mir gehörten und nicht den Offiziellen, die mir beim Studium unentwegt das politisch Korrekte abverlangten.

Aber jetzt war Winter, die Berge nur Kulisse. Und ich war auf dem Weg zu einer besonderen Uni-Veranstaltung – einer Diskussion und Abstimmung unserer Seminargruppe, einer von sechs Seminargruppen unseres Jahrgangs der Sektion. Knapp zwei Monate zuvor hatte die DDR dem Liedermacher Wolf Biermann die Staatsbürgerschaft aberkannt. Er durfte von seiner Konzerttournee in der Bundesrepublik nicht wieder zurück in die DDR kommen. Die »grobe Verletzung der staatsbürgerlichen Pflichten«, nach Paragraf 13 des Staatsbürgerschaftsgesetzes vom 20. Februar 1967, gab dieser Entscheidung ein rechtliches Kostüm.

Als zukünftige »Leitungskader der sozialistischen Wirtschaft« hatten wir uns laut Studienplan natürlich mit den Grundlagen des Marxismus-Leninismus zu beschäftigen. »Wissenschaftlicher Kommunismus« hieß das Pflichtfach. Im November 1976 hatte der Seminarleiter Helmut Horst kurz nach dem Konzert und der Ausbürgerung von Biermann eine Aussprache dazu angestoßen. Für den Genossen, Mitte 30, groß und schlank und schütteres Haar, war der Fall Biermann eine gute Gelegenheit, die Festigkeit unseres sozialistischen Standpunkts zu testen. Und so verkündete er weitgehend monoton das, was die Partei dazu zu sagen hatte.

> »Mit seinem feindseligen Auftritt gegenüber der Deutschen Demokratischen Republik hat er sich selbst den Boden für die weitere Gewährung der Staatsbürgerschaft der DDR entzogen ... Schon jahrelang hat er unter dem Beifall unserer Feinde sein Gift gegen die DDR verspritzt ... In besonders gemeiner Weise hat er den Sozialismus in unserem Lande verunglimpft. Wir in der DDR hätten, so drückte er sich aus, einen Sozialismus serviert gekriegt, der ›halb Menschenbild, halb Tier‹ war.«[3]

Biermann sei ein »antikommunistischer Hetzer«, damit schloss Horst sein Verlesen der offiziellen Darstellung. Ich konnte es mir nicht verkneifen zu fragen, warum es nicht möglich sei, einen überzeugten Kommunisten wie Biermann, der eine nachvollziehbare Kritik an der Umsetzung der Idee in unserem Land übte, hier leben zu lassen. »Der Sozialismus darf doch keiner Auseinandersetzung auf ideologischem Gebiet ausweichen. Warum fällt es uns denn so schwer, Kritik zuzulassen?«, fragte ich. Die Augenbrauen von Horst waren hochgegangen. Eine Antwort gab es nicht. Der Rest des

Seminars schwieg ebenfalls. Die Frage danach, warum man Kritik – die Kritik von Biermann – nicht aushalten kann, schien einen wunden Punkt zu berühren.

Drei Tage später wurde ich zum SED-Parteisekretär der Sektion Wirtschaftswissenschaften bestellt. Meine simple Frage im Seminar hatte ein Nachspiel. Im Gespräch mit dem Funktionär wurde sie plötzlich zur Bewährungsprobe. Mein Rauswurf aus der Uni hing in der Luft. Ich war angespannt. Mein Vater setzte mir heftig zu. »Ich sage dir schon seit Langem, dass du Gefahr läufst, mit deinem Querulantentum alles zu versauen. Was ich mit meiner Hände Arbeit aufgebaut habe, das setzt du leichtfertig aufs Spiel. Für so einen bescheuerten Liedermacher gefährdest du das Glück der ganzen Familie. Das ist unverantwortlich!«

Er hatte das Recht, wütend auf mich zu sein. Meine Entscheidung, meine eigene Meinung sagen zu wollen, hatte direkte Konsequenzen für sein Leben. Das war nicht meine Absicht, aber unvermeidlich. Dennoch. Ich wollte auch mir treu bleiben können. Das Dilemma war perfekt. Meine Mutter machte es nicht besser. »Was soll denn nun werden? Es hat doch sowieso keinen Sinn, sich anzulegen. Du musst jetzt mal klein beigeben.« Mir wurde mehr als mulmig zumute. Was tat ich meinen Eltern an? War Wolf Biermann nun wirklich so wichtig für die DDR? Und war die Möglichkeit, meine Meinung zu dem Rauswurf sagen zu dürfen, wirklich wichtiger als meine berufliche Zukunft und die meines Vaters? Wie konnte ich so leichtsinnig sein? Hatte ich das wirklich alles gut überlegt? Die Sorge um das vorzeitige Ende meines Studiums war ernst zu nehmen.

Der Parteisekretär hatte mir im Gespräch eine Aktennotiz zum Seminar vorgelesen. Ich hätte die Ausbürgerung Biermanns als eine verfeinerte stalinistische Methode bezeichnet und von einer Diktatur des Politbüros gesprochen. Ich bestritt, diese Äußerungen so getan zu haben, und erklärte, missverstanden worden zu sein. Er forderte mich auf, die Missverständnisse in einer Stellungnahme auszuräumen. In drei Tagen sollte sie auf seinem Schreibtisch liegen. Ich setzte mich in den Lesesaal im 25. Stock vor ein weißes Blatt Papier und überlegte. Uta, meine Kommilitonin, saß am Tisch gegenüber. Jeder im Seminar wusste, dass ich zum Sekretär beordert worden war. Wir diskutierten leise über die Stellungnahme. »Pass auf, dass sie dir nichts falsch auslegen können«, warnte sie. Die Argumentationslinie im Brief stellte hohe Anforderungen. Ich wollte nicht, dass sie mich als »Feind des Sozialismus« abstempeln konnten. Ein Teil von mir wollte kämpfen um meinen Platz in der sozialistischen DDR. Ich wollte ihnen zeigen, dass man auch ein kritischer Sozialist sein kann. Dass die DDR solche Kritiker unbedingt braucht für ihre Weiterentwicklung. Ein anderer Teil von mir wollte aber unbedingt, dass ich meine Meinung offen äußern kann. Ich wollte mich nicht dafür entschuldigen, dass ich Biermanns Kritik an der DDR befürwortete. Ich wollte meine Ablehnung der Ausbürgerung nicht zurücknehmen.

Diesen dreiseitigen Brief heute zu lesen setzt viele Emotionen frei. Ich bin erstaunt über mich, weil er zeigt, wie sehr ich bereit war, mich zu verbiegen, mich den Umständen der Situation anzupassen. Es ist ein ähnliches Gefühl, das einen beschleicht, wenn ein altes Jugendfoto mit großem Abstand auftaucht und man die Hände über dem Kopf zusammenschlägt und denkt: »Oh Gott, wie sahen wir damals aus!« Mit diesem Brief kann ich besichtigen, wie ich damals gedacht habe, wie ich lavierte und taktierte, um an der Uni zu bleiben. Am 29. November 1976 schrieb ich unter anderem:

> »... Ich bin der Meinung, man müsste die Aberkennung der Staatsbürgerschaft des DDR-Bürgers Wolf Biermann noch einmal überdenken. Unser sozialistischer Staat ist stark. Er ist fähig, Meinungen, wie die Biermanns, gelassen und nachdenkend hinzunehmen. Der real existierende Sozialismus hat es und darf es nicht nötig haben, auf diese administrative Weise Meinungswidersprüche zu klären. Biermann hat sich kritisch, scharf, verallgemeinernd über die DDR geäußert. Er zeigt richtig einige Schwächen in unserem Lande auf, begeht dabei aber den Fehler, sie zu scharf, verallgemeinert und unrealistisch darzustellen. In seinem Drang, Widersprüche aufzudecken, steigert er sich oft zu überspitzten Äußerungen. Seine Darstellungen werden demzufolge oft falsch und spiegeln nicht das real Existierende wider. Biermann tut dies alles durch bürgerliche Massenmedien. Diese versuchen, die Äußerungen Biermanns in ihrer Hetze gegen den Sozialismus und die DDR einzubeziehen. Ich distanziere mich von den hier genannten Fehlern Biermanns ...«

Der Eiertanz, den ich hier versuchte – es den Herrschenden recht zu machen, ihre Sprache zu übernehmen und doch eine eigene Position zu behaupten –, er ist holprig. Die Worte, die ich wählte – »bürgerliche Medien«, die »Hetze gegen den Sozialismus«, das »real Existierende« –, sie waren Worte der Anpassung an das, von dem ich glaubte, dass es die Partei hören wollte. Ich war mir sicher, dass die Erklärung funktionieren würde. Der Brief ist ein typisches Produkt der DDR. Ein Dokument des Anpassens und Widersprechens.

An jenem 5. Januar 1977 schließlich sollte es zu einer endgültigen Entscheidung kommen. Meine Frage nach dem »Warum können wir Biermanns Kritik nicht zulassen?« war auch offiziell zur Bewährungsprobe geworden. In unserer Seminargruppe sollten wir nun darüber abstimmen, wie mit mir weiter zu verfahren sei. Die Partei allein wollte das nicht entscheiden, das hätte zu sehr nach Willkür ausgesehen. So sollten nun eben meine Kommilitonen ran. So, »demokratisch« abgestimmt, wäre ein für die Partei wünschenswertes Ergebnis besser vermittelbar. Die Studenten selbst fänden mich dann nicht mehr tragbar. Das wäre das stärkere Argument, das auch in die restliche Studentenschaft überzeugender hineinstrahlen würde.

Ich hatte kein Problem mit einer Abstimmung, ich fühlte mich sicher im Seminar. Wir waren schließlich eine ganz entspannte Gruppe. Keine Karrieristen und Parteiideologen. Wir alle wollten einen ordentlichen Beruf, Spaß haben und unser Ding machen. Irgendwo eine halbwegs sinnvolle Arbeit finden, in einem Kombinat, und mit Freunden und Familie leben. Wir hatten uns alle durch unsere ersten zwei Semester gewühlt und immer auch den Widerspruch zwischen Theorie und Praxis sozialistischer Wirtschaftsführung bemerkt. Roland Tix, der FDJ-Sekretär, der eigentlich auf eine sanfte Art seine sozialistische Überzeugung lebte. Kein 150-Prozentiger, kein Antreiber. Petra, die schon verheiratet an die Uni kam und immer für alle Diskussionen offen war. Hans-Jürgen, den wir den »Dicken« nannten, der öfter mal erzählte, dass sein Vater in einem volkseigenen Betrieb eine leitende Stellung hatte. Günter, der ein klares Ziel hatte: einen Abschluss machen und Geld verdienen für sich und die Familie. Er hatte die Karriere im Blick, nicht zuletzt, weil seine Frau schon mit dem zweiten Kind schwanger war. Fred, der vieles mit maoistischen Theorien verglich, weil er China einfach gut fand und so auch hin und wieder mal den Seminarleitern widersprach. Und Ulli, der lockere Typ mit blonden langen Haaren, der alles ganz entspannt sah.

Wir saßen öfter abends in der Kneipe zusammen, so auch zwei Abende vor der Abstimmung. Es war wie immer. Wir diskutierten auch beim Bier über ein paar schwer zu verstehende Mathe-Modelle für die Wirtschaft, die wir am Tage gelernt hatten. Wir alberten über einen Professor. Karl-Heinz brachte das Gespräch auf Biermann. »Du hast schon recht, Roland. Was im *Neuen Deutschland* steht, das ist nicht das, was man im West-Fernsehen sehen konnte.« Die Runde nickte. Die Gedanken wanderten kurz zur Abstimmung. »Mach dir keine Sorgen, Roland, wir stehen zu dir. Das wird schon.« Meine Erklärung vom November hatten die Kommilitonen ja gelesen. »Damit hast du dich doch gut behauptet. Das ist alles nur reine Formsache.« 15 Leute waren wir in der Seminargruppe. An dem Abend waren wir uns einig. Ich fühlte mich aufgehoben.

Die Sonderzusammenkunft wurde von Professor Mühlfriedel geleitet, Professor für Wirtschaftsgeschichte der Sektion Wirtschaftswissenschaften, auch zuständig für Erziehung und Ausbildung der Studenten. Er leitete das Treffen mit ein paar formalen Bemerkungen ein. »Die FDJ-Seminargruppe 21 ist vollzählig versammelt. Einziger Zweck unserer Zusammenkunft heute ist die Auseinandersetzung über Roland Jahns Äußerungen zur Ausbürgerung von Wolf Biermann.« Wir waren Studenten, und wir waren alle auch Mitglieder der FDJ, der Freien Deutschen Jugend. Daher saßen wir als FDJ-Seminargruppe zusammen. Ich schaute in die Runde. 14 angespannte Gesichter. Als nach einer Stunde alles gesagt schien, wurde abgestimmt. Offen per Handzeichen. Eine Abstimmung über mich. Das Resultat: 13 zu 1. Gegen mich. Für meinen Rauswurf. Mein Magen rutschte ein paar Etagen tiefer. Das war es erst mal mit dem Studieren. Ich schaute in die Runde. Jeder vermied es, mich anzusehen. Aber kaum war Mühlfriedel draußen, kamen sie einzeln zu mir. »Du musst verstehen, Roland, mein Vater, ich konnte doch seine Position im Betrieb nicht gefährden.« »Meine Frau ist schwanger, und ich konnte das Studium nicht gefährden, es war einfach zu riskant, das verstehst du doch ...«

Ich habe sie alle verstanden. Jeden dieser Gedanken. Hatte ich sie nicht auch schon oft gedacht? Auch ich hatte einen Vater, eine Freundin, den Wunsch nach Karriere und einem erfüllten Leben. Ich hatte nicht zuletzt deswegen meine Stellungnahme geschrieben. Und dennoch. Ich hatte mich auf sie verlassen. Das Ergebnis kam überraschend. Die schriftliche Version des

Rauswurfs, unterzeichnet vom FDJ-Sekretär, habe ich erst viele Jahre später lesen können.

> »... Wir schätzen ein, daß Roland Jahns Kritik sich nur auf das Aufzählen von Mängeln beschränkte und sein Bekenntnis zu unserem Staat nur ein Lippenbekenntnis ist ... Eine solche Einstellung ist für einen zukünftigen Wirtschaftsfunktionär nicht tragbar ... Die Seminargruppe ist wie die Sektionsleitung der Meinung, daß Roland Jahn aus den genannten Gründen exmatrikuliert wird.«[4]

Oft hatte ich mich seither gefragt, was passiert ist zwischen dem Abend in der Kneipe, an dem wir uns alle einig waren, und dem Morgen der Abstimmung, an dem 13 der 14 absprangen. Was war das für ein Staat, in dem ich lebte? Was machte er mit Menschen? Wir alle wollten Freundschaft, Loyalität und Anstand beweisen – und dann? Ich fühlte mich verraten. Was war das für ein Staat, der seine Bürger dazu anhielt, Freundschaft preiszugeben, um politische Kontrolle zu behalten?

36 Jahre später nun saß ich Fred gegenüber, und endlich gab es für das Abstimmungsverhalten eine bessere Erklärung als nur die Vermutung, dass Menschen eben schwach sind und sich bei Druck anpassen. Der Kern der Seminargruppe, so erzählte er, war nach unserem Kneipenabend, aber vor der Abstimmung über mich noch einmal von der Sektionsleitung zusammengerufen worden. Bei dieser Zusammenkunft war ein unbekannter Mann dabei gewesen,

von dem jeder glaubte, dass er von der Stasi sei. Seinen Namen hatte er nicht genannt. Davon hörte ich nun zum ersten Mal. Die Stasi im Raum, das war eine angsteinflößende Verschärfung der Situation. Dieser Mann hatte die Studenten instruiert, und Fred konnte mir auch heute noch fast wörtlich erzählen, was er von sich gegeben hatte. »Er hat gesagt, dass du mit einem westlichen Geheimdienst zusammenarbeitest. Da hat einer ganz spontan in die Runde geworfen, dass er das nicht glaubt, dass du mit einem westlichen Geheimdienst kooperierst.« Doch der Stasimann war hart. Einem Vertreter des Staates müsse man glauben, sagte er. »Ich bin ein Vertreter der Arbeiter- und Bauernmacht, und wenn du, Genosse, das nicht so siehst, ist klar, dass du dich dem Staat nicht würdig erweist. Das heißt auch für dich, dass du dein Studium nicht beenden kannst. Außerdem helfen Menschen wie Roland Jahn dem Klassenfeind, und ihn zu unterstützen heißt, den Klassenfeind zu unterstützen.«

Das waren deutliche Worte. Und sie hatten ausgereicht, um allen in der Runde das Gefühl zu geben, dass entweder Roland Jahn allein oder sie mit ihm von der Uni flögen. Und so haben sie dann an jenem Nachmittag für den Rauswurf gestimmt. »Ich habe mich geschämt, aber ich traue mich erst jetzt, davon zu erzählen. Es ist schwer zuzugeben, aber ich habe mir die ganze Zeit weiszumachen versucht, dass es meine eigene Entscheidung war, dem Rauswurf zuzustimmen. Dass ich mich ganz unabhängig von den Vorgaben und Umständen allein für die Sache des Sozialismus entschieden habe. Ich wollte es mir einfach nicht eingestehen, dass ich dich aus Angst vor Folgen für mich preisgegeben habe.« Es war eine intensive Stunde, die wir gemeinsam an einem Tisch saßen. Die Verletzung, die Fred und unsere Mitstudenten mir damals zugefügt hatten, hatte auch ihn verletzt. Die Entscheidung gegen mich hat ihn nie losgelassen. Das hat mich überrascht und bewegt. Es war für uns beide ein gutes Gefühl, endlich darüber sprechen zu können.

Die Verletzungen, die wir uns zufügen, sie hinterlassen Spuren, die wir ein Leben lang mit uns tragen. Die Anpassung, die das eigene Fortkommen sichern sollte, auch sie hatte für Fred einen Preis. Ich hätte nicht gedacht, dass auch er noch so lange mit diesem Tag und der Entscheidung gehadert hat. Darüber zu sprechen war ein heilendes Gefühl. Wir saßen uns gegenüber, beide nun um die 60 Jahre alt, durch diese Entscheidung aneinander gebunden und als Menschen wieder verbunden.

Das Verrückte an dieser Geschichte ist, dass einzig Ulli, der sich nicht hatte einschüchtern lassen und die einsame Stimme gegen den Rauswurf abgegeben hatte, danach keine Probleme deswegen an der Uni hatte. »Das hat mich eigentlich am meisten fertiggemacht«, sagte Fred. »Dass wir uns haben einschüchtern lassen, und es wäre dann doch gar nicht unbedingt etwas passiert. Aber man wusste es eben nicht.«

Eintakten

Fröhlich sein und singen

Als ich bei einem Urlaub vor nicht allzu langer Zeit mit einer Zufallsbekanntschaft am Mittelmeerstrand ins Gespräch kam, erwähnte ich, dass ich in der DDR aufgewachsen bin. Der junge Mann sagte, er auch, und fing sofort an zu erzählen. Eine Geschichte, die ihm hängen geblieben ist aus dem Land seiner Kindheit. Er war damals im staatlichen Kindergarten. Zu Hause lief West-Radio, und er hatte als Fünfjähriger enormen Gefallen an einem eingängigen Song gefunden, den er fortan gern zum Besten gab. »Entschuldigen Sie, ist das der Sonderzug nach Pankow? Ich muss mal eben dahin, mal eben nach Ost-Berlin«, trompetete er bei jeder Gelegenheit. 1983 landete Udo Lindenberg mit diesem Swing-Klassiker und einem neuen Text einen großen deutsch-deutschen Hit – sehr zum Missfallen der Staatsführung der DDR. Sie empfand den Text als Verunglimpfung des Staatsratsvorsitzenden, da Erich Honecker in dem Lied unter anderem als »Oberindianer« bezeichnet wurde. Logisch, dass genau dieses Wort dem Fünfjährigen besonders gut gefiel. Weniger allerdings der Kindergärtnerin, die den Vater beim Abholen darauf aufmerksam machte. »Wenn Ihr Sohn nicht aufhört, das Lied zu singen, habe ich leider keine andere Wahl, als das zu melden«, bedeutete sie ihm. Und was machte der Vater? Er erklärte seinem Sohn, dass Erich Honecker ein toller Politiker sei und man ihn nicht mit so lustigen Worten beschreiben dürfe. Er solle, bat er seinen Sohn, aufhören, das Lied zu singen. Der Sohn ist noch heute verwundert. »So was Blödes. Wie konnte man einem Kind das Lied verbieten? Und warum hat mein Vater das überhaupt mitgemacht? Was hätte denn passieren sollen?«

Auf diese Frage wird niemand eine eindeutige Antwort geben können. Es war ein Grundgefühl in der DDR, dass etwas passieren kann, wenn man sich den Regeln nicht beugt, auch wenn sie noch so banal oder lächerlich wirkten. Warum hat sich der Sohn nach über 30 Jahren an genau diese Episode erinnert? Vielleicht, weil er seinen Vater beim Lügen erwischt hat über Erich Honecker? Weil er als Kind gespürt hat, dass etwas nicht stimmen kann bei der Geschichte? In welchen Zwängen steckten die Erwachsenen, dass sie das Spiel der Kinder so genau beobachteten und politisierten? Mit dem großen Abstand von heute mag man so eine Episode fast nur mit Kopfschütteln quittieren. Und doch. Wenn ich mich konkret an meine eigene Kindheit erinnere, dann war es aus der Binnensicht nichts Ungewöhnliches, so zu handeln.

Wir waren Kinder der DDR. Hineingeboren in den Sozialismus. Er war nicht unsere Wahl. Sich also heute bewusst zu machen, wie das Eintakten in das System

Formen annahm, ist durchaus lehrreich. Zu sehen, wie der Staat die Menschen von klein auf in seine Bahnen lenkte, hilft nachzuvollziehen, wie wir alle im System funktioniert haben. Es war die Schule, spezifisch die Pionierorganisation und die FDJ, die Kindheit und Jugend und damit nicht selten das gesamte Erwachsenenleben grundlegend prägten.

Das Pioniersein gehörte in der DDR zum Schulalltag wie die Mathe-Stunde oder der Sportunterricht. In der Regel waren Pionieraufgaben, Pioniernachmittage oder die Sitzung des Gruppenrats so eng mit dem Stundenplan verwoben, dass das eine vom anderen nicht zu trennen war. Wie die meisten anderen Eltern auch sahen weder meine Mutter noch mein Vater die Mitgliedschaft ihres Sohnes bei den Pionieren als Problem an, noch waren sie begeistert darüber. Ihnen war es wichtig, dass ihr Kind einen problemfreien Alltag in der Schule hatte, sich wohlfühlte und ordentlich lesen und rechnen lernte. »Die Kinder sollen eine unbeschwerte Kindheit erleben dürfen. Wenn sie denn dazugehören wollen zu den Pionieren, soll ich es ihnen dann verbieten?« Diese Frage stellten sich auch in den 80er-Jahren Freunde von mir, die ansonsten durchaus Kritik an der DDR äußerten. Ihre Kinder, sie sollten jeden Tag gern in die Schule gehen und sich nicht zwischen Eltern und Lehrern aufreiben müssen. Wie aber hätte man das verhindern können, wenn man den Kindern den Eintritt bei den Jungen Pionieren verboten hätte? Die Autorität des Mathe-Lehrers wäre untergraben worden, wenn man den eigenen Kindern untersagt, sich am morgendlichen Pioniergruß zu beteiligen, den dieser Lehrer einfordert. Sie wären stetes Ziel seiner Aufmerksamkeit geworden und erkennbare Außenseiter. Sich zu entscheiden gegen staatliche Einflussnahme und Ideologisierung der Kinder, das war eben nicht so einfach. Oft haben die Eltern eher an das tägliche Wohlbefinden der Kinder in der Schule gedacht und die langfristigen Konsequenzen ausgeblendet. Meine Eltern jedenfalls haben so entschieden. Ich wurde ein Junger Pionier.

Gleich am ersten Schultag begann für mich das tägliche Ritual, das sich die nächsten Jahre fortsetzen sollte. »Für Frieden und Sozialismus seid bereit!« – »Immer bereit!«, schmetterten wir unseren Lehrern zur ersten Stunde entgegen. In meiner Erinnerung jeden Morgen. Bald schon reichte die Kurzformel: »Seid bereit!« – »Immer bereit!« Ich fand das schön, wir alle im Chor, alle 39 Kinder meiner ersten Klasse im Jahr 1960. Die rechte Hand flog im Takt zum Pioniergruß über den Kopf. Wir als Teil einer Gemeinschaft. Mit diesem Ruf begann unser Tag. Habe ich mich jemals gefragt, wozu wir bereit sein sollten? Habe ich meinem Pionierdasein eine besondere Bedeutung beigemessen? Habe ich daran gedacht, dass wir mit den Appellen, den Auszeichnungen der Besten, dem Abstrafen der Aufmüpfigen zu funktionierenden Untertanen der sozialistischen Altherrenriege gemacht werden sollten? Kaum. Schon gar nicht am Anfang.

Als ich mit einem jeder DDR-Nostalgie unverdächtigen Politikprofessor vor Kurzem zusammensaß und wir über die DDR der 50er- und 60er-Jahre sprachen, erzählte er mir freudestrahlend von seinen frühen Pioniertagen. Besonders das Lied »Fröhlich sein und singen« kam ihm in den Sinn. »Fröhlich sein und singen,/ Stolz das blaue Halstuch tragen,/Andern Freude bringen,/Ja, das lieben wir.« Ich war in mehrfacher Hinsicht überrascht. Erstens über seine Kindheit in der DDR – in den späten 50er-Jahren sind seine Eltern in den Westen übergesiedelt – und zweitens über seine glückliche Erinnerung an die Pionierzeit. »Ich war ein begeisterter Altstoffsammler. Ich fand das einfach toll, dass wir Menschen helfen konnten.« Die Pionieraufgaben waren ihm natürlich nicht als ideologische Eintaktung hängen geblieben. Das schöne Lied, das seine Freude am Helfen begleitete, endet mit den Versen:

»Auf dem Wege weiter,
Den uns die Partei gewiesen!
Vorwärts, junge Streiter,
Vorwärts Pionier!
Hallo auf zu guten Taten,
Denn den Sozialismus bauen wir!
Vorwärts, junge Streiter,
Vorwärts, Pionier!«

Geht das zusammen? Eine glückliche Kindheitserinnerung an ein fröhliches Lied, das doch eine ideologische Schulung ist? Ein Kind erlebt es eben nicht so. Wir waren eine Schulklasse, wir gehörten zusammen, wir erlebten alles gemeinsam. Auch ich habe das Lied gern gesungen, bis hin zur letzten Strophe, mit viel Spaß. Aus den frühen Schuljahren ist bei mir kaum etwas Politisches hängen geblieben. Bis vor Kurzem hätte ich nicht einmal mit Bestimmtheit sagen können, ob es ein Ritual der Aufnahme bei den Jungen Pionieren gegeben hat.[5] Die meiste Zeit habe ich mitgemacht, weil wir eben alle dabei waren. Soweit ich mich erinnere, ist mir während meiner gesamten Schullaufbahn kein Schüler begegnet, der nicht auch bei den Pionieren gewesen wäre.[6]

Der Journalist Stefan Berg hat im Rückblick auf seine Kindheit und Jugend gefolgert, dass die »Schule ... für die Unterwerfung ein viel wichtigeres Instrument als der Staatssicherheitsdienst [war]. Nicht jeder DDR-Bürger hatte Ärger mit der Stasi. Die Schule aber war unausweichlich.« Die Unterwerfung, die habe ich damals nicht gespürt. Die Lehrer, sie vermittelten uns den Sozialismus als gerechte Gesellschaft. Das fanden wir gut. Die »helle Zukunft«, die sollten wir gestalten und an der sollten wir unseren Anteil haben. Das hörte sich gut an. Und dennoch, aus heutiger Sicht war es nichts anderes als die Unterwerfung unter das Diktat der Partei, der SED, und ihrer Ideologie. In der Schule wurden wir eingetaktet. Das ist mit dem Abstand von heute deutlich zu sehen.

Der Staat, gelenkt von der SED, saß wie eine Krake in fast jeder Ritze des Lebens seiner Bürger. Keine Phase der Entwicklung eines Menschenlebens sollte unberührt sein vom Gedankengebilde des Sozialismus, den die Sozialistische Einheitspartei vorgab. Wie in einer schrägen Version der Fabel vom Hasen und Igel war die Partei ein fieser Igel, der immer schon vor dem Hasen da war, wenn ein Kind, ein junger Mensch, ein Studienanfänger, ein Berufsanfänger seine ersten Schritte tat. Es gab kein Entrinnen, immer nur temporäre Erleichterungen auf der Strecke dazwischen, geprägt von der Hoffnung, dass es dieses Mal vielleicht doch anders sein könne – vor der Gewissheit des Ankommens. Dort, wo die Partei schon selbstgewiss lächelnd stand.

Die Menschen in der DDR lebten in dem Wissen um die scheinbare Unentrinnbarkeit vor dem Machtanspruch der SED. Eine Erfahrung, die alle teilten. So war es eben. Sich dem grundsätzlichen Machtanspruch der Partei zu entziehen war nicht vorgesehen im System. Wie Menschen mit diesem Machtanspruch umgegangen sind, in vielen Alltäglichkeiten und auch in den richtungweisenden Momenten eines Menschenlebens, das war entscheidend für die Entwicklung jedes Einzelnen, aber auch für die Stabilität des Systems.

Von den Menschen wurde erwartet, dass sie die Rolle, die der Staat von ihnen verlangte, ausübten. Mein Freund Jürgen Fuchs, der Schriftsteller und Psychologe, hat das kraftvoll beschrieben. »Ich lebte in einer Gesellschaft, die in jeder Weise neurotisiert war gegenüber Abweichungen.« Anderssein also als menschliches Versagen, als psychologische »Macke«, so hat es Jürgen abstrahiert. Einem ganzen Volk wurde diese »Neurose« eingepflanzt. Dass sie einer politischen Ideologie diente, dem Erhalt der Macht der Partei, das war für ein Kind nicht erkennbar und für die Eltern eher ein praktisches Problem. Man musste ja nicht dran glauben an das, was die Partei wollte, man musste nur so tun, damit man keinen Ärger bekam und vor allem die Kinder keinen Ärger bekamen. Also galt das auch für den »Sonderzug nach Pankow«. Lieber dem Kind das Lied abgewöhnen, bevor unkalkulierbare Folgen mit Nachteilen für die ganze Familie entstehen.

Dennoch. In jedem Menschen gibt es Ideen, Wünsche, Gefühle, Glücksmomente, die nicht mit dem zusammenpassen, was der Staat in seinem Allmachtsanspruch verlangte. Der Widerspruch zwischen den sozialistischen Ideen über die Menschen und der Vielfalt der Menschen selbst war ein Dauerzustand. Ihn zu überbrücken, daran setzte die Partei all ihren Einfallsreichtum, ihre Überzeugungskünste und ihre ideologische »Rhetorik«. »Erfülltes Leben, glückliche Zukunft. Das ist Sozialismus.« Was will man mehr? »Im Mittelpunkt steht der Mensch, nicht der Einzelne.« Die Ablehnung gegen das Anderssein sollte gestärkt werden. Das Laufen in den sozialistischen Bahnen sollte überzeugend wirken. »Alles im Namen der Menschen, alles zum Wohle der Menschen.«

»Um ein richtiger Jungpionier zu werden, darf ... sich [Roland] nicht mehr zum Kampeln verleiten lassen und muss seine Schulsachen immer mitbringen.« »Kampeln« sagte man, wenn ein Schüler in eine Rangelei verwickelt war. So stand es nach meinem ersten halben Jahr an der Adolf-Reichwein-Schule II im Januar 1961 in meinem Zeugnis. Fein säuberlich mit blauer Tinte in Lehrerinnenschrift eingetragen. Ganz unten auf der Seite, dort, wo auch das notiert wurde, was in der DDR für einen Schüler besonders wichtig war: die sogenannten Kopfnoten, also Ordnung, Mitarbeit, Fleiß, Betragen.

Oben auf dem Zeugnis die Notenzahlen rechts neben den vorgedruckten Unterrichtseinheiten, unten auf der Seite das vermerkt, worauf es dem Lehrer besonders ankam: das Betragen seines Schützlings. Auch dies mit Noten von 1 bis 5 bewertet und ergänzt um eben jene Bemerkungen, wenn etwas zusätzlich auffallend war. Alle halbe Jahre war an dieser Stelle der Fortschritt in der gesellschaftlichen Verankerung zu begutachten – oft genug ohne explizite Worte, benotet mit einer Zwei, nichts zu beanstanden, oder einer Eins, besonders zu belobigen. Rutschte man aber auf eine Drei, wurde es schwierig. Für meine Eltern waren die Kopfnoten eine entscheidende Größe. »Es langt nicht, nur im Rechnen gut zu sein. Du musst dich auch ordentlich verhalten und dafür gute Noten mitbringen.«

Was für ein Wesen legt das Kind an den Tag und vor allem, wie verträgt sich dieses Wesen mit dem geforderten Bild eines Kindes im sozialistischen Staat? Das war die entscheidende Frage für die Kopfnoten. Die zehn Gebote, denen ein »richtiger« Jungpionier Folge zu leisten hatte, sollten dafür der Maßstab sein:

> *»Wir Jungpioniere lieben unsere Deutsche Demokratische Republik.*
> *Wir Jungpioniere achten (bzw. lieben) unsere Eltern.*
> *Wir Jungpioniere lieben den Frieden.*
> *Wir Jungpioniere halten Freundschaft mit den Kindern der Sowjetunion und aller Länder.*
> *Wir Jungpioniere lernen fleißig, sind ordentlich und diszipliniert.*
> *Wir Jungpioniere achten alle arbeitenden Menschen und helfen überall tüchtig mit.*
> *Wir Jungpioniere sind gute Freunde und helfen einander.*
> *Wir Jungpioniere singen und tanzen, spielen und basteln gern.*

*Wir Jungpioniere treiben Sport und halten unseren Körper sauber und gesund.
Wir Jungpioniere tragen mit Stolz unser blaues Halstuch.«*

In unserem Schulalltag spielten diese Gebote, die jedes Kind in seinem Pionierausweis nachlesen konnte, eigentlich keine Rolle. Selbst wenn wir sie ab und an mal laut herunterlesen mussten, blieben die Inhalte leer. Einzig das Halstuch war konkret. In der fünften Klasse schließlich hatte ich keine Lust mehr, es an den geforderten Tagen zu tragen. »Ich habe es vergessen«, gab ich freimütig auf Nachfrage der Klassenlehrerin zu. Eigentlich war es mir einfach nur lästig. Und nach dem dritten Mal »vergessen« gefiel es mir sogar, ohne das lästige Tuch herumzulaufen. Es fühlte sich einfach gut an, etwas anders zu sein. Das war meine eigene Entscheidung, ein Bauchgefühl. Der Zwölfjährige vor dem Eintritt in die Pubertät.

Frau Klink, die Klassenlehrerin, konnte sich für mein lässiges Verhalten nicht begeistern. Meine »Vergesslichkeit« war Quell steter Mahnungen. Und dann regelmäßiger Eintragungen ins Ordnungsheft der Klasse. War es für die Lehrerin eine Niederlage, dass nicht alle Kinder mit dem Pioniertuch ankamen? Hatte sie sich dafür zu rechtfertigen? Wie war es einem Lehrer dabei zumute, wenn er oder sie für die politisch gewünschte Haltung der Kinder zu sorgen hatte? Wie haben sie ihren Job verstanden, die zuletzt 185 000 Frauen und Männer im sozialistischen Schuldienst? Sie sollten Wissen vermitteln, aber auch die Jugend der DDR politisch-ideologisch erziehen.

Im Schulalltag aber wurde dieser Auftrag an die Lehrer von uns Schülern nicht als »ideologische Bearbeitung« erlebt. Als Jungpionier mit acht Jahren war auch ich ein begeisterter Altpapiersammler. Ich erinnere mich an die freudigen Gesichter der alten Menschen, denen wir geholfen haben, Kohlen aus dem Keller zu holen. »Er erfüllte seine Pionieraufträge gewissenhaft«, stand dann im Zeugnis, und ich fühlte mich anerkannt. In der siebten Klasse war es mein Job, die Wandzeitung zu gestalten. In der Pioniergruppe hatte ich mich dafür gemeldet und dann mit großer Begeisterung die Freifläche in unserem Klassenzimmer beklebt. Mein Thema war eine gerechtere Welt, und so ging es mir in der Auswahl der Geschichten um all die vielen Ungerechtigkeiten auf der Erde. Begeistert schnitt ich Artikel und Fotos aus der Zeitung *Volkswacht. Organ der Bezirksleitung der* SED aus, die meine Eltern wie alle im Haus abonniert hatten. Es ging um den Vietnam-Krieg, den Hunger in Afrika, die »alten Nazis« in der Bundesrepublik. Manchmal malte ich auch selbst eine Überschrift. Ich hatte das Gefühl, etwas Wichtiges zu tun, und trug meinen Teil dazu bei, dass die Welt besser werden konnte.

Als FDJler übernahm ich für eine Weile die Aufgabe des »Vietnam-Kassierers«. In der ganzen DDR waren FDJler in den späten 60er- und frühen 70er-Jahren dazu aufgerufen, mit Taschengeldspenden die Menschen in Vietnam zu unterstützen. Wir spendeten mit Begeisterung für das Not leidende Volk im fernen Osten, das den Bombardierungen der Amerikaner ausgesetzt war. Natürlich gehörten dazu die Worte »Brudervolk« und »imperialistische Macht«, aber mir ging es um die Kinder und ihre Eltern, die bei den Bombenangriffen ihre Wohnungen verloren hatten, die nichts zu essen hatten und ohne Kleidung waren. Ihnen zu helfen war einfach notwendig. All diese Aufgaben habe ich positiv erlebt. Auch wenn sie vorgegeben waren, wenn sie eine ideologische Komponente hatten, ich habe sie gern getan. Ich war überzeugt, dass es richtig ist zu helfen.

Anders verhielt es sich in der 9. Klasse mit dem »Abzeichen für gutes Wissen«, das uns in der 10. Klasse dann verliehen wurde. Dieser Kurs war ein schulbegleitendes »FDJ-Studienjahr«, in dem uns noch mal besonders die sozialistischen Grundlagen des Staates beigebracht und die kommunistische Weltanschauung vertieft wurden. Was wir genau dort gelernt haben, habe ich vergessen. Es war eine lästige Pflichtübung, aus der zu meiner Zeit in unserer Schule niemand ausgebrochen ist. Der Gedanke kam einfach nicht. Es war das Übliche, es gehörte dazu, es war das geforderte Absitzen von Inhalten, die mir weder spannend noch notwendig erschienen. Am Ende war dieses Eintakten in die Ideologie gar nicht so sehr eine Überzeugungsarbeit der Lehrer, sondern vielmehr das Einüben, alle diese Zumutungen der Ideologie einfach zu ertragen. Lehrer und Eltern ließen keinen Zweifel daran, dass das so zu sein hatte. Dass eine Alternative nicht wirklich denkbar war.

1953, das Jahr, in dem ich geboren wurde, war auch das Jahr der Niederschlagung des Volksaufstands, die Generationen danach prägte. Das Ende des Aufstands vom 17. Juni 1953 hatte eine klare Botschaft: Wer sich gegen die SED auflehnt, wird gewaltsam zurückgedrängt. Der sowjetische »Bruder« stand im Wortsinn Gewehr bei Fuß. Wir erlebten diesen Aufstand im Verhalten unserer Eltern. Es beeinflusste uns, ohne dass wir wirklich wussten, was damals passiert war. Die Lektion schien eindeutig: Es ist besser, nicht aufzubegehren, sich rauszuhalten. Das jedenfalls haben meine Eltern mir vermittelt. Und dazu gehörte es, das offenkundig Unvermeidliche zu akzeptieren. Die Jungen Pioniere, die Freie Deutsche Jugend, den Militärdienst. Gib dem Staat, was er unbedingt will, und ansonsten halten wir uns raus – das war die Maxime meiner Eltern. Es war der Kompass, der sie sicher durch den »real existierenden Sozialismus« der DDR navigierte.

Doch diese Maxime war nicht nur geprägt durch den 17. Juni. Mein Vater Walter, Jahrgang 1927, war 17 Jahre alt, als er mit dem Volkssturm in den 2. Weltkrieg zog. Er verlor ein Bein. Das war das Ende seines Traums von einer Fußballerkarriere. Es muss eine harte Zeit für den jungen Mann gewesen sein. Uns hat er später kaum davon erzählt. Und doch wussten wir Kinder Bescheid, war dieses Trauma täglich gegenwärtig. Die Holzprothese am rechten Bein war deutlicher als alle Worte. Die persönlichen Kosten waren einfach zu hoch. Politik, da hatte man sich rauszuhalten. Das war die Devise meines Vaters. Er blieb ein Leben lang parteilos und dennoch ohne Bedürfnis nach Widerspruch. Er spielte mit und hielt sich raus. Eine schizophrene Situation, die zur Normalität wurde. Und mit der er seine fünfköpfige Familie glücklich und unbeschadet durchbrachte.

Nur an den Tagen, an denen in Jena fast jedes Haus mit einer Fahne geschmückt war, blieb der kleine eiserne Schaft vor unserem Wohnzimmerfenster leer. Er blieb auch bei zwei anderen Familien in unserem Haus unbenutzt, bei den drei anderen hingegen wedelten die DDR-Fahnen im Wind. Am 1. Mai und am 7. Oktober, am Tag der Arbeit und am Tag des »Republikgeburtstags«. 50:50 war das Votum in unserem Mietshaus. Wer hat da mitgemacht und wer nicht? Und was bedeutete es?

»Das muss nicht sein«, antwortete meine Mutter, als ich sie fragte, warum wir denn keine Fahne vor die Wohnung hängten. Immerhin machten wir uns fein für die Parade zum 1. Mai beispielsweise, die ich vom Straßenrand mit großer Begeisterung verfolgte. Die Musik. Die Kostüme. Die Tänzer. Überhaupt, wie konnte man die Paradentage nicht gut finden, gab es doch Thüringer Rostbratwürste an diesen Tagen in ungekannter Fülle. Und dann stand man eben mit seiner Wurst an der Straße, irgendwo war auch die Tribüne der Partei, aber die war nicht wirklich interessant.

Viel später, in ihren letzten Lebensjahren, habe ich meine Mutter nach ihrer Jugendzeit befragt. Und ich glaube, nun besser zu verstehen, warum meine Eltern mit der Fahne ein Problem hatten. Meine Mutter war die Tochter eines überzeugten NSDAP-Parteigängers. Ihr Vater war in den 1930er-Jahren der Bürgermeister einer kleinen Gemeinde unweit von Jena – Bürgel, das für seine Töpferwaren bekannt ist. Im Krieg war er in Bordeaux, dort als Chef einer Bäckerei zur Versorgung der deutschen Truppen. Mir hat er als Kind wie viele

Opas vom Krieg erzählt, aber es waren gute Geschichten. Von hübschen jungen Französinnen, vom komfortablen Leben der Besatzungsmacht. »Das war eine schöne Zeit, als wir in Frankreich das Sagen hatten.« Freundlich gesagt, war eine kritische Auseinandersetzung mit der NS-Zeit nicht wirklich angesagt in unserer Familie. Stattdessen erinnere ich mich an die häufig wiederkehrenden Diskussionen bei sonntäglichen Familientreffen, in denen es immer wieder darum ging, dass dem Opa »Unrecht« angetan wurde. Dass die SED ihm die Töpferei genommen hatte wegen seiner NSDAP-Mitgliedschaft. Warum, so fragte man sich im Kreis der Familie, werden nur die Kleinen bestraft für ihr Mittun in der NS-Diktatur?

Kurz vor ihrem Tod hat mir meine Mutter zum ersten Mal besondere Fotos aus ihrer Jugend gezeigt. Da spielte sie als junges Mädchen am Ostseestrand. Ein Meer von Hakenkreuz-Fahnen auf den Sandburgen im Hintergrund. Eine Strandidylle, die Zeichen der Partei im Alltag schienen normal. Da kam für mich alles zusammen. Meine Mutter, wissend um die Katastrophe, die das Naziregime produziert hatte, aber dem eigenen Vater loyal gegenüber. Wissend um den Preis, den ihr Mann im »totalen Krieg« des Führers gezahlt hatte. Sie hatte begriffen, dass man schnell zwischen die Fronten der Politik geraten konnte und dort verheizt wurde. Ein unverkrampftes Verhältnis zu einer Fahne vor dem Haus hatte sie damit verloren. Die Nazizeit wirkte nach in ihrem Verhältnis zu Staat und Partei im neuen System. Die Fahne, die musste nicht sein. Das habe ich nach all den Jahren verstanden. Auch die Parteimitgliedschaft musste nicht sein. Aber die Jungen Pioniere, die FDJ, die Paraden – dagegen wollten sie sich nicht wehren, meine Eltern. Weil sie vor allem eines wollten: von der Politik in Ruhe gelassen werden. Glück und Geborgenheit für sich und ihre Kinder, das war es, was zählte.

Schweigen

Die Sorge, erkannt zu werden

Anfang der 60er-Jahre fand auf der Kommode im Wohnzimmer ein neuer Kasten seinen Platz. Ich hatte schnell eine Variante gefunden, mit der ich das Notwendige mit dem Angenehmen verbinden konnte. Nicht ganz zufällig verlegte ich die täglichen Hausaufgaben von der Küche in die Stube. Natürlich setzte ich mich mit dem Rücken zum laufenden Fernseher, nichts anderes hätten die Eltern erlaubt. Und während ich sorgsam meine Rechenaufgaben löste, wanderte mein Blick zur Glasvitrine des Wohnzimmerschranks, die eine ziemlich gute Reflektion des Bildschirmflimmerns lieferte. Fernsehen, das war aufregend. Es gab Sport, vor allem Fußball, tolle Filme und Unterhaltung.

Aber das Fernsehen war auch, ganz ohne dass es mir als Kind bewusst war, eine erfolgreiche Erziehung in der Kunst des Unterwanderns und in der Aufführung des Schauspiels DDR. Denn eines war die goldene Regel des Fernsehens: Was aus dem Kasten an Bildern, Geschichten und Informationen sprudelte, hatte die

Wohnung unterm Dach nicht zu verlassen. Es gab eine unabdingbare Forderung, die meine Eltern an uns für das Fernsehschauen stellten. »Ihr dürft in der Schule und auch sonst nirgendwo erzählen, dass wir zu Hause West-Fernsehen schauen! Das müsst ihr versprechen!« Meine beiden Zwillingsgeschwister und ich versprachen es hoch und heilig.

Wir waren acht und vierzehn Jahre alt. Wir wussten eigentlich, was erlaubt und was verboten war. Was Kinder zu tun und zu lassen hatten. Das Fernsehen aber war ein Paradox. Es war das erlaubte Verbotene, offen und deutlich so von den Eltern definiert. Das Verbotene zu tun war in diesem Fall in Ordnung, solange wir unseren Teil dazu beisteuerten und darüber schwiegen. Geschwiegen haben wir über die Familien-Show »Einer wird gewinnen« mit Hans-Joachim Kulenkampff, der unseren Samstagabend so vergnüglich machte. Über die »Raumpatrouille Orion« und natürlich über Fußball – die Bundesliga und die Länderspiele. Und über die Nachrichten. Um 19 oder 20 Uhr.

Die Trickfrage, die fortan nicht wenige Schüler der DDR über sich ergehen lassen mussten, lautete: »Hatte die Uhr am Anfang der Nachrichten Punkte oder Striche?« Wer vorschnell »Striche« in die Klasse rief, hatte sich verplappert. Die »Tagesschau« der ARD hatte nämlich Striche, die DDR-Nachrichten der »Aktuellen Kamera« hingegen begannen mit einer Uhr, die die Minuten in Punkten darstellte. Nie habe ich auch nur einmal in der Schule durchblicken lassen, dass wir zu Hause West-Fernsehen schauten. Darauf war ich stolz.

Das Fernsehgerät hatte kurz nach der Zeit der »Aktion Ochsenkopf« bei uns Einzug gehalten, einer Aktion von Albert Norden, einem Mitglied des Politbüros des Zentralkomitees der SED, zuständig für Propaganda. Mit dieser Aktion wollte er dem West-Fernsehen den Garaus machen. Ochsenkopf nämlich war jener Berg in Bayern, der den Sendemast beherbergte, der das Signal von ARD und bald auch ZDF verstärkt in die DDR hineinstrahlte. Die Aktion war ein Drei-Punkte-Plan, der 1961 mitten im Trauma des Mauerbaus umgesetzt werden sollte. Alle auf West-Empfang gerichteten Antennen sollten entfernt werden, die Elektromonteure mussten sich verpflichten, künftig keine »West-Antennen« mehr zu installieren. Hausgemeinschaften wurden angehalten, »freiwillig« auf den Empfang von West-Fernsehen zu verzichten. So protokollierte es der *Spiegel* in jenen Tagen. Und beschrieb dazu die Situation in der DDR, nicht ganz ohne Sarkasmus:

»Da einsatzbereite Partei-Apparatschiks nicht in ausreichender Zahl zur Verfügung standen, übertrug die SED die Aktion Ochsenkopf dem Funktionärskorps der FDJ. Seither schwärmen die linientreuen, durch rote Armbinden als ›Hilfsorgane der Staatssicherheit‹ ausgewiesenen Jugendgenossen in Stadt und Land aus und notieren die Besitzer aller westwärts weisenden Antennen. Alsdann werden die Eigentümer aufgefordert, die ›Feindfahnen‹ und ›Opiumsäulen‹ entweder abzubauen oder auf Ostempfang zu drehen. Kommen besonders störrische Elemente dieser Anweisung nicht unverzüglich nach, greifen die Blauhemden selbst zu Zange und Schraubenschlüssel. Gelegentlich nehmen die FDJler nicht nur die Antennen, sondern auch deren Besitzer mit: Wer – wie etwa drei Einwohner des thüringischen Dorfes Obermehler – derlei Erziehungsmittel mit widersetzlichen Reden oder Flüchen quittiert, wird kurzerhand mit einer Anklage wegen ›staatsgefährdender Propaganda und Hetze‹ – dem dehnbarsten Tatbestand im DDR-Strafrecht – bedacht.«[7]

Und weil die Antennen-Rüttler von der FDJ nicht ausreichten, gab es flankierende Maßnahmen.

»Bereitschaft zur Selbstkritik wird von Albert Nordens Rundfunksendern, Fernsehstationen und Zeitungen eifrig gefördert: Selbst im kleinsten Provinzblatt finden sich spaltenlange Abhandlungen über die Wechselbeziehungen zwischen Ochsenkopf-Antennen, Staatsverleumdung und Gefängnis. Mitbürger, die ihre Westantennen nicht freiwillig abbauen, finden sich unter Angabe von Namen und Adressen in den Lokalseiten als Agenten und Spione angeprangert.«[8]

Wie nachhaltig diese Aktion wirklich war, konnte ich jeden Tag zu Hause besichtigen, wenn bei uns ARD oder ZDF über den Bildschirm flimmerten. Allerdings war die Antenne in unserem Haus nicht nur vom Dach verschwunden. Nicht mal unterm Dach wollten meine Eltern sie aufbauen, dort hätte sie schließlich entdeckt werden können. Der Schrubber war fortan unser Antennenmast, der sich im Wohnzimmer regelmäßig vom Putzutensil in den Empfänger der anderen Welt verwandelte. Die Antennen verschwanden aus dem öffentlichen Blick ins Private, bis sie irgendwann in den 70er- und 80er-Jahren wieder ins Blickfeld gerieten. Die Partei erlaubte da sogar Gemeinschaftsantennen. Nicht zuletzt, weil es zu viele gab, die trotz West-Fernseh-Verbot eigene Antennen »organisierten«. Materialknappheit contra Dogma.

Als Kinder gewannen wir mit dem West-Fernsehen die Vertrautheit des Gefühls, etwas zu tun und es gut zu finden und sich nicht dazu bekennen zu dürfen. So lernten wir den Unterschied zwischen dem vorzutäuschenden Verhalten und dem echten Handeln. Wir probten die Alltäglichkeit des Verstellens, gemeinsam als Familie und im Alltag, in Schule und Betrieb. Es wurde zur Normalität, an der Aufführung teilzunehmen. Wenn jemand gegen den Code verstieß, wurde das zu einer Besonderheit, die man erinnerte. So wie der Tag, an dem unser Zeichenlehrer Herr Schmidtke die Klasse fragte, wer denn am Abend zuvor die »Tagesschau« gesehen habe, weil dort ein Bericht über eine Kunstausstellung gebracht worden war. Totenstill war es daraufhin, und keiner wusste, was zu sagen ist. Wollte Schmidtke die Schüler testen? War das jetzt eine Falle? Oder hatte er sich tatsächlich verraten? Schmidtke hatte den Code durchbrochen, und keiner wusste, wie damit umzugehen war. Das Erschrecken der Klasse, das lange Schweigen, all die vielen Gedanken, die im Raum standen und die doch niemand aussprach. Das beredte Schweigen, es war typisch für die DDR. Und so, als sei mit dem Schweigen alles gesagt, ging der Unterricht weiter. Schweigen wurde zur Strategie. Es war eine Methode, sich zu verstecken und die Angst vor den Folgen der eigenen Meinungsäußerung zu ertragen.

Als die sowjetischen Panzer 1968 in Prag rollten, um den Prager Frühling niederzuwalzen, waren wir schon so gut darin, uns zu verstellen, dass ich die Bilder aus dem West-Fernsehen einfach in mein Hirn einsperrte. Wohin hätte ich mich wenden sollen, um die West-Informationen gegen die DDR-Version auszudiskutieren? Es gab keinen Austausch. Selbst mit meinem Vater, mit dem ich gemeinsam vor dem Fernseher gesessen hatte, war ein Gespräch nicht möglich. Der Einmarsch in der Tschechoslowakei, die Entmachtung der Reformsozialisten, das war für ihn nur eine weitere Bestätigung dafür, sich aus der Politik rauszuhalten. »Das erinnert mich an 1953. Es bringt doch nichts.« Dass ich darüber in der Schule kein Sterbenswörtchen zu verlieren hatte, war glasklar. Nichts als Schwierigkeiten würde das bringen, vor allem für meinen Vater im Betrieb. Und die Drohung, dann kein West-Fernsehen mehr schauen zu dürfen – sie war zusätzlich ein wirksames Mittel zum Schweigen.

Immer wieder durchzog diese Doppelzüngigkeit das Leben in der DDR. Zu wissen und nicht reden zu können. Die eigene Meinung einsperren und lieber schweigen oder eben bestenfalls das Geforderte sagen. Selbst in den letzten Jahren der DDR noch. Die Journalistin Sabine Rennefanz erinnert sich so an ihre Jugend in den 80er-Jahren.

»Wenn man mit offiziellen Stellen zu tun hatte, musste man eine Rolle spielen. Ich war so erzogen worden, dass ich wusste, was ich sagen musste, um nicht aufzufallen. Die Phrasen gingen mir leicht von den Lippen. Dass wir zu Hause West-Fernsehen guckten und dass ich Erich Honecker für eine Witzfigur hielt, behielt ich für mich. Wer damals aufwuchs, der wusste instinktiv, dass die eigene Meinung niemanden interessierte, niemanden zu interessieren hatte und sogar gefährlich werden konnte. Ich hatte mir das nicht ausgedacht, ich kannte es nicht anders. Mir fiel, wie den meisten meines Alters, auch nicht ein, was ich ändern sollte. Erst später, nach der Wende, sollte ich merken, wie sehr mich die DDR geprägt hatte. Dass das politisch-gesellschaftliche Indianerspiel mehr als ein Spiel war.«[9]

Das »Indianerspiel«, die Theateraufführung des Alltags, davon müssten viele erzählen können. Große und kleine Geschichten. Vom Schauspiel bei der Arbeit, beim Brigade-Abend und dem Leben »unter sich«. Der Historiker Stefan Wolle erinnert sich an dieses Alltagstheater in einer dramatischen Lebensphase. Er war wegen kritischer Äußerungen für ein Jahr von der Universität relegiert und zur Bewährung in die Produktion geschickt worden. Mit einer guten Beurteilung seiner Brigade stellte er sich nun einem Gespräch mit dem Dozenten von der Universität, der über seine Wiederaufnahme zum Studium zu entscheiden hatte. Zunächst wurde er nach seiner Haltung gefragt.

»Ich bereute meine regimekritische Haltung von einst und erzählte, dass ich am Busen der Arbeiterklasse zur rechten Gesinnung gefunden habe – den ideologischen Jargon beherrschte ich sehr gut. Der Dozent und ein weiterer anwesender Kollege von ihm, den ich nicht kannte, waren zufrieden. Dass das Schwindel war, wussten sie. Das war Theater. Sie wussten, dass ich schwindele, und ich wusste, dass sie wissen, dass ich schwindele, doch alle waren zufrieden. Das war die DDR. Der Dozent, der die Verhandlung mit geführt hatte, ist einige Monate später in den Westen abgehauen.«[10]

Die Normalität des Verstellens, des Schweigens und des Schwindelns, sie hat eine besondere Art von Kommunikation entstehen lassen, befeuert von der Angst vor den Konsequenzen der eigenen Meinungsäußerung. Die Kunst des Umschreibens, der Andeutung, der Metaphorik war in der DDR eben nicht allein ein künstlerisches Element, sondern eine Notwendigkeit, wenn man an der vorgeschriebenen Meinung vorbei kommunizieren wollte. Weil die Medien von der Staatspartei SED gelenkt waren, waren es Kunst und Kultur, die uns die größte Chance boten auf eigenständige Meinung und Information innerhalb der DDR. Es waren Künstler, die für uns sprachen, nur eben in einem bestimmten Code. Schon zu Schulzeiten suchten wir nach denen, die das sagten, was wir uns nicht trauten. Das Buch *Die Leiden des jungen W.* von Ulrich Plenzdorf bewegte mich, die Geschichte eines Aussteigers, der Fragen stellte und nicht auf alles eine Antwort hatte. Andere waren von Christa Wolfs *Der geteilte Him-*

mel oder von Brigitte Reimanns *Franziska Linkerhand* begeistert. Es gab genügend Andeutungen, in denen wir uns wiederfanden, genug Umschreibungen, die uns das Gefühl gaben, nicht allein zu sein mit unserem Denken.

Und doch auch war diese Form der Kommunikation ein Einknicken vor den Umständen. Jürgen Fuchs hat es als Autor in den *Gedächtnisprotokollen* über seine eigene Arbeit analysiert.

> »Die ganze Wahrheit kann man nicht sagen, also überlegt man sich Andeutungen, Spitzen, Symbole, die dann bei einigen Menschen eine ›Aha‹-Reaktion auslösen, soweit sie den gleichen Code besitzen. Das alles geschieht mehr oder weniger bewußt und hat ein wenig mit ›Sklavensprache‹ zu tun. Je verschlüsselter die Menschen reden, desto deutlicher verweisen sie darauf, daß sie nicht alles sagen dürfen. Diese Art ›Kassiber‹-Literatur, die in der DDR noch sehr verbreitet ist, habe ich eine Zeitlang mitgemacht, so lange genau, bis ich dieses Problem einigermaßen erkannt hatte.«[11]

Den Mut auszusteigen hatten wenige. Die Sehnsucht nach jemandem, der die richtigen Worte findet, müssten wiederum eigentlich viele Menschen kennen, die in der DDR gelebt haben. Dafür musste man nicht lautstark oder erkennbar in Dissens zum System leben. Und vielleicht erinnern sich auch viele an die Sehnsucht, selbst einmal die Kraft zu haben, ungeschützt etwas zu sagen, und sich nicht um die Konsequenzen zu sorgen.

Mein späterer Chef beim Sender Freies Berlin, Jürgen Engert, erinnerte sich an eine Geschichte aus seiner DDR-Zeit, die ebenfalls dieses Dilemma der Angst vor der eigenen, selbstbestimmten Meinungsäußerung und den Folgen dieser Angst für das eigene Ich veranschaulicht. 1953 war Jürgen Engert Oberschüler in Dresden. Wenige Monate vor der Abiturprüfung wurde die gesamte Schülerschaft in die Aula beordert. Etwa 20 Schülerinnen und Schüler wurden namentlich aufgerufen und auf die Bühne befohlen. Dort wurden sie beschimpft als Mitglieder der »Jungen Gemeinde«, dem Zusammenschluss junger Menschen innerhalb der evangelischen Kirche in der DDR. Sie sollten sich vor allen von ihrer Verbindung zur »Jungen Gemeinde« lossagen.

Hintergrund der Aktion war der »Plan für die Entlarvung der Jungen Gemeinden als Tarnorganisation für Kriegshetze, Sabotage und Spionage, die von westdeutschen und amerikanischen imperialistischen Kräften dirigiert wird«. Diesen Plan hatte das Politbüro der SED zum Jahresanfang 1953 verabschiedet. Hauptverantwortlich für die Umsetzung des Plans war Erich Honecker, zu dem Zeitpunkt Vorsitzender der FDJ, der Freien Deutschen Jugend. Am 1. April veröffentlichte die Zeitung der FDJ, die *Junge Welt*, eine Sondernummer voller Hetze gegen die »Junge Gemeinde«. An Schulen fanden Veranstaltungen statt, auf denen das angeblich ungute Treiben der »Jungen Gemeinde« enthüllt wurde.

Auch an Engerts Schule in Dresden hatte man im Zuge dieser Säuberungen Mitglieder der »Jungen Gemeinde« ausfindig gemacht. Von den 20 Mädchen und Jungen zwischen 14 und 18 Jahren auf der Bühne hatten sich alle bis auf fünf der Schmähung des Rektors gebeugt. Sie hatten der »Jungen Gemeinde« abgeschworen und durften wieder hinunter zu den anderen. Engert erzählte weiter:

>»Fünf aber blieben übrig. Und über die mußten wir abstimmen. ›Schädlinge‹, nannte sie der Rektor, ›Schädlinge‹, die auf der Schule nichts mehr zu suchen hätten. ›Wer ist für das Relegieren dieser Uneinsichtigen?‹ Die Lehrer waren unter den Schülern verteilt. Sie fungierten für uns als Wegweiser. Ihre Arme reckten sich in die Höhe. Und die Masse tat es ihnen nach. Die Masse hob den Arm. Und ihr Daumen zeigte nach unten.
> Ich sehe den Wald von Armen noch vor mir. Ich spüre noch die quälende Erregung: Was machst du jetzt? Jeder von uns wußte, das war kein Spiel, das war todernst, das konnte entscheidend für die Biographie sein: Arm hoch oder Arm unten. Ich reckte ihn nicht. Das war kein Ausfluß von Mut. Es war die verzweifelte Hoffnung, daß der Ruf ›Gegenprobe‹ nicht kommen werde. Der Ruf kam nicht. Der Rektor stellte ›Einstimmigkeit‹ fest. Aber was hätte ich getan, hätte er gefragt: ›Wer ist dagegen?‹ Ich weiß es nicht. Bis heute nicht.«[12]

Engert beschrieb sein Gefühl als »noch einmal davongekommen«. Und als er sich dann mit einem Klassenkameraden auf den Nachhauseweg machte, sprachen beide nicht über das Geschehen – es war alles gesagt.

Mut zeigen. Oder schweigen. Vor sich selbst den aufrechten Gang proben, aber ihn nicht nach außen zeigen müssen. Durchkommen. Engerts Gewissen hat diese Episode lange beschäftigt. Dieser Moment, der es ihm ersparte, sich wirklich zu bekennen. Aber er hat ihn sensibel gemacht für die Zwänge, denen Menschen ausgesetzt sind in der Diktatur.

Sich durch Schweigen dem verlangten Bekenntnis zu einer Idee des Staates zu entziehen, das war eine alltägliche Entscheidung in der DDR. Beredt schweigen. Wohlweislich schweigen. »Das Rückgrat der Diktatur vom Brandenburger Tor bis nach Wladiwostok war das Schweigen.« So hat es der Politiker und DDR-Bürgerrechtler Arnold Vaatz einmal zusammengefasst. Die Angst vor den Folgen dessen, was man sagte und wozu man sich bekannte, hat denen, die die Macht im Staate hatten, in die Hände gespielt. Die Angst war der Kitt der Diktatur.

Als mein Freund Siegfried Reiprich im März 1976 von der Universität geworfen wurde, habe ich öffentlich geschwiegen. Ich habe ihm zu Hause meine Hand auf die Schulter gelegt und ihm gesagt, dass ich den Rauswurf verurteile. Es sei einfach nicht akzeptabel, dass seine Kritik am SED-Regime, am Einmarsch des Warschauer Paktes 1968 in Prag für politisch verwerflich gehalten wurde. Aber das war es. Damals habe ich gedacht, das ist alles, was ich tun kann. Ihm meine persönliche Solidarität zu versichern. Wenn ich meine Kritik am Rauswurf öffentlich mache, bin ich womöglich der Nächste, der rausfliegt, weil ich mich für ihn eingesetzt habe. Das ging mir durch den Kopf, als meine Hand auf seiner Schulter lag. Mehr geht nicht.

Und doch. Wenn ich heute an diese Situation

denke, frage ich mich, warum ich nicht einmal versucht habe, beim Rektor einen Protest vorzutragen. Denn knapp ein Jahr später hatte es dann auch mich erwischt, und ich wurde exmatrikuliert. Mein Schweigen hat mir also nichts genutzt. Ich hätte genauso gut gegen die Ungerechtigkeit beim Rektor protestieren können. Aber zu sehr war auch ich gefangen in den Regeln der Diktatur, die wir von Kindheit an einübten. Überzeugt von dem Glauben, dass das Schweigen ein Durchkommen ermöglicht.

Gewöhnen

Was bleibt uns anderes übrig?

Im Sommer 1965, ich war zwölf Jahre alt, durfte ich meinen Onkel Arthur in Probstzella besuchen. Es war ein großes Ferienerlebnis, allein im Zug zu sitzen und zu ihm zu reisen. Onkel Arthur lebte im Sperrgebiet, in der fünf Kilometer breiten Zone, die die DDR-Regierung zur Sicherung der Grenze zur Bundesrepublik als sicherheitsrelevant definiert hatte. In Saalfeld musste ich umsteigen und konnte endlich dieses wichtige Papier vorzeigen, das meine Mutter mit einiger Rennerei zwei Monate zuvor beantragt hatte. Meinen Passierschein. Der Kontrolleur prüfte das Papier, meinen Ausweis, mein Gepäck. Dann schaute er mir genau in die Augen. In diesen Zug durfte nicht jeder einsteigen. Als er nickte und mit einer Handbewegung Richtung Zugtür wies, klopfte mein Herz schnell. Geschafft!

Onkel Arthur zu besuchen war eben etwas Besonderes. In Probstzella stand ich dann vor dem Bach Loquitz, von dem ich wusste, dass er aus Bayern kommend nach Thüringen floss. Ich starrte auf die kleinen

Wasserwellen, und mir schien, dass sie aus einem Land kamen, das unendlich weit weg war. Unerreichbar. Nur das Wasser hatte es gesehen. Es schien mir fast wie ein kleines Wunder. Die Situation an sich aber stellte sich für mich kein bisschen ungewöhnlich dar. Warum es diese Grenze gab, warum ich nicht dorthin konnte, wo der Fluss herkam, das versah ich mit meinen zwölf Jahren mit keinem Fragezeichen. Das war einfach so.

Die Gewöhnung an die Grenze war alles durchdringend. Mauer und Stacheldraht waren unüberwindbar, das stand einfach fest. Die Begrenzungen, die sie mit sich brachte, waren eingewachsen in unser Denken. Plötzlich, 1972, wurden mein Onkel und seine Familie aus Probstzella »entfernt«. Keiner wusste genau warum, aber meine Mutter war aufgebracht. »Ich habe Arthur immer gesagt, er soll nicht so vorlaut sein. Jetzt leidet die ganze Familie darunter. Die Kinder müssen von der Schule, die Patienten verlieren ihren Arzt«, sagte sie, so als sei Arthur das Problem und nicht die Sperrzone. Er hätte sich lieber dem besonderen Loyalitätsverlangen in der Sperrzone fügen sollen, als seine Meinung über Parteibonzen zu äußern. »Das musste doch nicht sein! Das ist doch für uns alle ein Umstand und macht viel Ärger.«

Wie so oft in der DDR war mit der Umsiedlung für alle in unserer weitverzweigten Familie – und sicher auch für viele Bewohner von Probstzella – deutlich geworden, wer am längeren Hebel sitzt: die Partei. Und wer sich mit ihren Bonzen anlegt, soll mal gleich sehen, was er davon hat. Am besten, man gewöhnt sich daran, dass man diesen Sozialismus eben ertragen muss, so, wie er ist. Man macht für die eigene Familie das Beste daraus. Lieber wegducken, als sich mit dem System anlegen. Aus dem Sichtfeld verschwinden an Orte, in Situationen, wo man, so gut es ging, seine Ruhe hatte.

Im April 1968 wurden die DDR-Bürger aufgefordert, darüber abzustimmen, dass die führende Rolle der Partei in der Verfassung verankert wurde. Mit der Abstimmung zur neuen »sozialistischen Verfassung« ließ sich die SED ihre absolute Macht vom Volke noch mal bestätigen. Die Vermischung von Partei und Staat war damit komplett. 94,5 Prozent stimmten dafür, 5,5 Prozent mit Nein. Die Menschen in der DDR schienen sich dem Willen der SED gebeugt zu haben. Doch damit bei der Abstimmung nichts wirklich schiefging, hatte die Partei monatelang zuvor »Volksaussprachen« organisiert. Diese in Arbeitskollektiven, an Hochschulen, Universitäten und bei den Streitkräften organisierten Aussprachen dienten der Kontrolle und Lenkung des Abstimmungsverhaltens. An der Technischen Universität Dresden beispielsweise verpflichtete die FDJ-Leitung alle Studenten, jeweils geschlossen in ihren Seminargruppen für die Verfassung zu stimmen. Studenten, die sich verweigerten, wurden der Stasi gemeldet.[22]

Das Selbstverständnis der Partei als einziger Macht im Staat kam auch im »Lied der Partei« zum Ausdruck, das bei offiziellen Anlässen den rund zwei Millionen Parteimitgliedern als Inspiration diente und den Rest des Landes in klare Schranken verwies.

»Die Partei, die Partei, die hat immer recht!
Und, Genossen, es bleibe dabei;
Denn wer kämpft für das Recht,
Der hat immer recht.
Gegen Lüge und Ausbeuterei.
Wer das Leben beleidigt,
Ist dumm oder schlecht.
Wer die Menschheit verteidigt,
Hat immer recht.
So, aus Leninschem Geist,
Wächst, zusammengeschweißt,
Die Partei – die Partei – die Partei.«

Mit diesem Selbstverständnis machte die SED Politik. Sie begründete die Niederschlagung des Volksaufstands vom 17. Juni 1953 mit angeblichen faschistischen Umtrieben, gegen die sie hatte ankämpfen müssen. Sie war »im Recht«. Mit diesem Selbstverständnis begleitete sie auch die Panzer des Warschauer Pakts, die im August 1968 in Prag rollten. Dieses Mal wurden »imperialistische Machenschaften« bekämpft, um die Idee eines »Sozialismus mit menschlichem Antlitz« zu unterdrücken. Die Partei war »im Recht«. Auch in der DDR gab es Sympathien mit den Prager Ideen eines reformierten Sozialismus. Gerade deshalb durfte sich der Gedanke nicht festsetzen, dass Sozialismus auch anders geht, als ihn die SED verkündete.

Um der SED-Propaganda zum »Prager Frühling« mehr Glaubwürdigkeit zu verschaffen, sollten Menschen auch schriftlich die Zustimmung zum Einmarsch geben, besonders an den Universitäten, unter der »Intelligenz«. Werner Schulz begann im September 1968 sein Studium an der Humboldt-Universität. Er war 18 Jahre alt. Gleich in der ersten Woche wurde er in einer großen Veranstaltung mit dem Ansinnen der Unterstützung des Einmarschs konfrontiert. Der Versammlungsleiter, der Prorektor für Erziehung und Ausbildung, bedeutete den Versammelten, dass sie mit ihrer Unterschrift bezeugen sollten, mit dem Einmarsch der sowjetischen Truppen in Prag sei der Weltfrieden gesichert worden und habe »der proletarische Internationalismus dem Kapitalismus eine Schlappe verpasst«[23]. Die geforderte Unterschrift sollte jeder Student beim Verlassen des Hörsaals leisten. Werner Schulz schlängelte sich mit zwei anderen an der Liste vorbei, ohne zu unterschreiben.

Drei Tage später wurden sie zum Prorektor bestellt und auf ihre fehlende Unterschrift angesprochen. Drei Tage Bedenkzeit gab ihnen der Prorektor, um doch noch zur gewünschten Einsicht zu kommen. Werner Schulz fuhr zu seiner Mutter nach Zwickau, entschlossen, die Unterschrift nicht zu leisten, selbst wenn es ihn den Studienplatz kosten würde. Doch seine Mutter redete ihm ins Gewissen. »Du hast ein sehr gutes Abi. Wenn du die fünf Zentimeter Tinte nicht auf die Unterschriftenliste setzt, dann wirst du nie studieren können.« Doch Schulz war unbeirrbar. Lieber würde er im Reichsbahnausbesserungswerk arbeiten, als gegen seine Überzeugung zu unterschreiben, sagte er ihr. Sie war sorgenvoll. Im Mai war ihr Mann, Werner Schulz' Vater, gestorben. Der Schwiegersohn saß seit einer versuchten Republikflucht im Sommer 1966 in Haft, ihre Tochter, die mit ihm zu flüchten versucht hatte, hatte ihr gemeinsames Kind in Haft zur Welt gebracht und war dann entlassen worden. Sie lebte mit ihrem Kind in Zwickau und schlug sich durch. Jetzt sollte auch noch der Sohn seine Lebenschancen verspielen. »Du hast ja recht, aber denk dir doch einfach deinen Teil. Du machst dein Leben kaputt, wenn du nicht unterschreibst.«

Er spürte, wie schwer es ihr ums Herz war. »Sie hat mich so lange bearbeitet, bis ich doch wieder zum Studium nach Berlin gefahren bin.« Die Unterschrift war die Bedingung. »Ich hätte wochenlang kotzen können. Das war wie eine Vergewaltigung. Es ist eine Demütigung, wenn man gegen sein Gewissen etwas tut.«[24] So erinnerte sich Schulz. Das Gewissen war belastet, aber das Studium gesichert. Werner Schulz studierte vier Jahre und arbeitete danach als wissenschaftlicher Assistent an der Humboldt-Universität. Doch die Gewissensbisse sollten ihn lange nicht loslassen.

Das immer wieder verlangte Bekenntnis zum Staat, zu seinem Handeln, daran hatte man sich zu gewöhnen. Besonders gern schmückte sich die SED mit dem Zuspruch der Jugend. Immer wieder verbreitete sie die Bilder jubelnder junger Menschen, die begeistert am Aufbau des Sozialismus mitwirkten. Zeitungen und das Fernsehen waren voll davon. Der 20. Jahrestag der DDR am 7. Oktober 1969 war ein willkommener Anlass, diese Bilder in den DDR-Medien zu präsentieren. »Und wie sollte es anders sein an diesem Republik-Geburtstag. Die Jugend beherrscht das Bild, die Jugend, die vorn mitmarschiert, wenn es gilt, die Republik zu stärken.«[25]

Für die Jugendlichen, die sich außerhalb der gewünschten Bahnen amüsierten, hatte die Partei allerdings nicht so viel Sympathie. Die »Beat-Szene«, jede Art von westlicher Musik galt ihr als staatsgefährdend und musste bekämpft werden. Im September 1969, ausgerechnet im Vorfeld der Jubelfeiern zum 20. Republik-Geburtstag, wurde über den West-Berliner Sender RIAS das Gerücht über ein Konzert der Rolling Stones auf dem Dach des Springer-Hochhauses in West-Berlin, direkt an der Mauer, gestreut. Die Stasi suchte im ganzen Land nach Jugendlichen, nach Fans, die entschlossen waren, zu dem vermeintlichen Konzert nach Berlin zu fahren. Nur auf Grundlage des Gerüchts wurden »Berlin-Verbote« ausgesprochen, junge Menschen, die dennoch fuhren, wurden zu Hunderten aus Zügen geholt, viele »zugeführt«, also auf einer Volkspolizei-Wache festgehalten. Dennoch schafften es weit über 1000 Menschen, sich über den Tag verteilt auf der Ost-Seite in der Nähe des Hochhauses zu versammeln. Alle in der Erwartung eines Konzerts, das nie stattfinden sollte.

Bald wurden aus den Rufen nach den Rolling Stones solche nach Dubček und Svoboda, den Reformpolitikern des Prager Frühlings. Hunderte wurden an diesem Tag festgenommen. Die meisten waren zwischen 16 und 20 Jahre alt, in der Lehre, jung und voller Tatendrang. Genervt von den spießigen Parteigenossen, der vorgeschriebenen Jugendkultur der FDJ, der Gängelei. Sie wollten frei sein, ihre Musik hören, sich so kleiden, wie sie es gut fanden. Doch der Staat konnte das nicht tolerieren. Viele der Verhafteten wurden zu monatelangen Gefängnisstrafen verurteilt. Die Verfolgung durch Volkspolizei, Stasi und FDJ-Freiwillige lähmte aber nicht nur die Festgenommenen, sondern auch ihre Familien, ihre Freunde, das Arbeitsumfeld, die Nachbarn. Wer etwas Eigenes will, wird bestraft. Gewöhne dich daran.

Im Frühjahr 2014 bin ich sieben Männern und einer Frau begegnet, die damals inhaftiert wurden. Zum ersten Mal, nach nunmehr 45 Jahren, sahen sich die Männer, inzwischen Anfang bis Mitte 60, wieder mit den Ereignissen aus ihren Jugendtagen konfrontiert. Bis auf einen hatten sie danach ihr Leben in der DDR gelebt. Ihre Familien gegründet, im Beruf ihren Mann gestanden, den Mangel überbrückt – ohne weitere Berührungspunkte mit dem Staat, mit Gefängnis oder gar der Opposition. Sie waren weiterhin Fans der Rolling Stones geblieben und hatten doch, so gut es ging, diese Episode vergessen. »Es hätte nur Schwierigkeiten gemacht. So etwas sollte meinen Kindern nicht passieren«, sagte einer. »Meine Arbeitskollegen haben sich für mich starkgemacht. Ich konnte wieder zurück in den Betrieb. Meine Freundin war damals schwanger. Ich war nur froh, dass alles vorbei war«, sagte ein anderer. »Dabei wollten wir doch wirklich nur mal die Stones sehen.«

Weil die eigenen Ideen und Wünsche nicht der Parteilinie folgten, landeten sie im Gefängnis. Weil sie sich für Rockmusik, Freiheit und den Prager Frühling starkmachten, ließ der Staat sie einsperren. Wie gestaltet man danach sein Leben in der DDR? Welchen Rat gibt man den eigenen Kindern? Darüber intensiver zu reden war bei unserer Begegnung nicht möglich. Die jungen Männer von damals hatten diesen Vorfall, ihre Wochen und Monate in Haft, abgelegt und vergraben. Sie waren froh, dass alles vorbei war. Wie viele andere mögen Ähnliches, auch weniger Drastisches erlebt und sich so zur Gewöhnung an die Umstände entschlossen haben? Wie viele hatten nur davon gehört und schon ihre Konsequenzen gezogen? Auch deshalb war es der SED so wichtig, immer wieder Exempel zu statuieren. Damit sich die Menschen immer wieder daran gewöhnten, wer die Macht im Staate hat.

So allumfassend war die Gewöhnung, dass ich selbst das unübersehbarste Zeichen der Allmacht der Partei, die Mauer, weitgehend verdrängte. Es ist aus heutiger Sicht verrückt, aber ich habe – so meine Erinnerung – eigentlich nie ausführlich und konsequent über die Mauer, den Schießbefehl und die Toten geredet. Ich kann mich nicht daran erinnern, dass ich regelmäßig mit anderen darüber diskutierte, dass man sie immer wieder infrage stellen muss. Dass man gegen die Mauer angehen muss, dass man gegen die Mauer protestieren muss. Nicht in der Familie, nicht im Freundeskreis. Nur manchmal tauchte sie auf, im West-Fernsehen. Dann sahen wir uns an und schüttelten die Köpfe. Schrecklich, dass es diese Mauer gab. So, als sei sie anderen Menschen passiert und hielte nicht uns selbst gefangen. So gewöhnt waren wir an die Mauer, dass die Meldungen von Todesfällen immer auch begleitet waren von dem Unglauben, dass jemand es wirklich wagte, gegen dieses Bauwerk anzugehen. Es war doch klar, dass dort geschossen wurde. »Wie konnte der das nur wagen?«, sagte meine Mutter dann.

Die Mauer nicht wahrnehmen zu wollen, das erinnert auch der Pfarrer Friedrich Schorlemmer. Als er in den 70er-Jahren eine Stelle beim Bund der evangelischen Kirche in Ost-Berlin angeboten bekam, lehnte er ab. »Die Vorstellung, jeden Tag auf die Mauer zu schauen, mich mit ihr dann auseinandersetzen zu müssen, konnte ich nicht ertragen.« Er kannte sich gut genug, um zu wissen, dass eine tägliche Begegnung mit der Mauer ihn auch täglich mit der Unfähigkeit zu protestieren konfrontieren würde. Dem wollte er ausweichen. Proteste gegen die Mauer, auch in den späten 80er-Jahren, waren mit einiger Wahrscheinlichkeit mit Haftstrafen verbunden. Als im Februar 1989 der junge Chris Gueffroy an der Berliner Mauer bei einem Fluchtversuch erschossen wurde, »... da hätte ich ein Plakat malen sollen mit der Aufschrift ›Mörder‹. Oder zumindest beim Politbüro protestieren sollen. Aber nichts habe ich getan, aus Angst vor Gefängnis in Bautzen«, sagt Friedrich Schorlemmer heute. Diese Angst war berechtigt. Und war es da nicht klug, dem Protest auszuweichen? Was wäre aus seiner Familie geworden, aus seiner Gemeinde? Schorlemmer findet dennoch, dass er mit seinem Schweigen zu den Mauertoten, seiner Gewöhnung an die Mauer Schuld auf sich geladen hat.

Manche Geschichten erzählen sich mit dem Abstand von heute eben aus einer neuen Perspektive. Anfang der 70er-Jahre zum Beispiel habe ich mich in der 11. Klasse mit meinem Schulfreund Uli Tippelt solidarisiert, der seine Haare wie unsere Musikidole über die Ohren hatte wachsen lassen. Man konnte es noch nicht einmal lange Haare nennen. Aber sie waren zu lang für einen Schüler der EOS, der Erweiterten Oberschule, und FDJ-Mitglied. Und deswegen war er zum Direktor beordert worden, nachdem er sich mehrfachen Aufforderungen diverser Lehrer, die Haare abzuschneiden, nicht gebeugt hatte. Als auch der Stadtschulrat von Jena auf einen Haarschnitt pochte, war schließlich von der höchsten Stelle in der Stadt bestätigt, dass die Haare abzuschneiden seien.

»Wahrscheinlich wissen die ganz oben gar nicht, was hier unten in Jena läuft. Vielleicht sind unsere Schulverwalter hier altmodisch und hinterm Mond. Es ist einfach ungerecht.« Tippelt war frustriert, der Frisörbesuch unabwendbar. Aber wenn etwas ungerecht ist, dann gab es in der DDR einen Mechanismus, der helfen sollte: Die »oben« sorgten für Gerechtigkeit. Das Werkzeug dazu hieß: Eingaben schreiben – oder auch gleich die Beschwerde direkt vortragen. Warum nicht? Hier war eine Gelegenheit, »die da oben« beim Wort zu nehmen und die führende Rolle der Partei zu testen. Die Zeit drängte. Und so sagte ich: »Ich fahre zu Margot.« Tippelt fand es nicht zu abwegig, die Ministerin für Volksbildung persönlich auf die Ungerechtigkeit in Jena hinzuweisen.

Einen Tag später stieg ich morgens gegen sechs Uhr in den Zug nach Berlin. An der Pforte des Ministeriums sagte ich, dass ich mich beschweren möchte über unsere Schule und den Stadtschulrat. Der Pförtner bedeutete mir, auf einer Bank Platz zu nehmen. Nach einer Weile kam ein Mann im Anzug, der sagte, Margot Honecker könne mich nicht empfangen, aber er sei der zuständige Abteilungsleiter, und ich könne ihm alles sagen. Und das tat ich und endete mit einer, wie ich dachte, schlauen Volte, nämlich dass wir glaubten, die Verantwortlichen vor Ort würden vielleicht nicht im Sinne der Partei handeln. »Es muss doch auch im Sozialismus möglich sein, dass man als junger Mensch sich ausdrücken kann. Längere Haare gehören nun eben zur Mode unserer Jugendzeit.«

Der Mann im Anzug trug das Parteiabzeichen am Revers. Auch wenn es keine Reaktion auf mein Anliegen gab, der Funktionär hörte aufmerksam zu, machte sich ein paar Notizen und beendete dann das Gespräch mit einem Versprechen. »Ich werde mich mit der Schule in Jena in Verbindung setzen und die Angelegenheit klären.« Draußen auf dem Boulevard Unter den Linden vor dem Ministerium fühlte ich mich gut. Es geht doch! Irgendetwas würde schon passieren. Sie hatten mich empfangen, sie hatten mir zugehört, sie hatten versprochen, etwas zu tun. Jetzt sollten sie mal zeigen, ob was dran war an der in der Verfassung verankerten Losung des Staates: »Arbeite mit, plane mit, regiere mit!«

Mein Blick fiel auf das Tor am Ende der Allee. Das Brandenburger Tor. Es stand allein, mit Absperrung, dahinter eine Mauer und dann jede Menge Bäume. Der Tiergarten. Der Westen. Das unerreichbare Land. Meine Gedanken wanderten wieder nach Jena. Tippelt musste dringend von einem Frisörbesuch abgehalten werden. Die Zeichen aus Berlin standen gut.

Wenn ich mich nach all den Jahren heute an diese Episode erinnere, kann ich mir nicht mehr vorstellen, wie absurd das Ganze war. Da kämpften wir für das Recht auf lange Haare, und ich fand den Anblick der Grenze nicht weiter erwähnenswert. Nicht mal einen Moment des Zorns oder einen Gedanken des Protests gegen die Mauer habe ich damals empfunden, so voller Triumphgefühl war ich, dass meine Mission im Volksbildungsministerium geklappt hatte. So sehr gewöhnt waren wir an die Unabänderlichkeit der Grenze und des Schießbefehls, keine zehn Jahre nach ihrem Bau. Wäre ich nach Jena zurückgekommen und hätte Tippelt gesagt, ich hätte – statt mich für unsere langen Haare einzusetzen – gegen die Mauer protestiert, weil mir das dringlicher erschienen sei, er hätte mir einen Vogel gezeigt, und wahrscheinlich wäre ich von der Schule geflogen. Und dennoch. Heute erscheint es mir absurd, dass ich so einfach verdrängen konnte, wofür die Mauer wirklich stand.

Nie habe ich erfahren, ob meine Reise nach Berlin wirklich etwas bewirkt hat oder ob nicht eh schon entschieden war, der Jugend ein paar kleine Freiheiten zu erlauben. Aber es hat mir ein versöhnliches Erlebnis mit der DDR beschert. Wir durften lange Haare tragen. Es geht doch! Man muss nur die Möglichkeiten, die da sind, nutzen. Man muss sie einfach beim Wort nehmen. Wenn man etwas verändern will, dann hat man dazu eine Chance. Schließlich war es doch auch mein Land. Ich wollte ja nicht gegen den Staat aufstehen, sondern im System wirken. Und das hatte ich erfolgreich geschafft.

Vielleicht hat diese Art von Erfahrungen für viele eine Versöhnlichkeit hergestellt. Man konnte in gewissem Rahmen Dinge verändern. Das Leben in der DDR fühlte sich eben nicht jeden Tag so an, als lebe man in einer Diktatur. Es gab Regeln, ja, und es gab die tödliche Mauer, aber es gab auch Freiräume. Und wenn man sich darauf konzentrierte, auf die kleinen Erfolge im Alltag, dann war das Leben in der DDR doch auch erträglich. Wie anders hätte man sich sonst das Selbstbild geraderücken können? Wie hätte man sonst leben sollen? Braves Funktionärssöhnchen oder -töchterlein wollten die meisten, die ich kannte, jedenfalls nicht sein. Und so richtete man sich ein, zwischen offiziellem und eigentlichem Leben, und triumphierte, wenn es mal wieder gelang, die kleinen Spielräume erfolgreich auszuloten. So schlimm war es doch nicht in der DDR. Das sagen heute viele, und nicht wenige haben es damals so empfunden. Eingemauert, wie wir alle waren.

Mitlaufen

Es lebe der 1. Mai!

Jedes Jahr zum 1. Mai wurde marschiert. Meine Erinnerung an diese Märsche ist voller Details und doch auch nicht immer trennscharf zwischen den Jahren. Ich sehe sie noch vor mir, die Ruderer, die ihre Boote auf dem Trockenen über das Kopfsteinpflaster trugen. Tänzerinnen in Kostümen. Brigademitglieder mit Werkzeugen. Ein Festumzug, bei dem sich die ganze Stadt Jena präsentierte. Ein Stadtfest voller Menschen und Begegnungen. Ich sehe die Tribüne am Ernst-Thälmann-Ring, voller roter Fahnen. Meine Eltern neben mir. Meine Geschwister im Marschblock ihrer Schule. Mit elf Jahren war ich selbst das erste Mal dabei, in einem Sporttrikot meiner Mannschaft, als junger Nachwuchsfußballer, mit Trainern und Betreuern.

Die kindliche Begeisterung für die Paraden wandelte sich im Laufe meines Schülerdaseins. Es wurde nun erwartet, dass wir als FDJler im Marschblock der Schule mitlaufen. In einem Jahr verzichtete ich darauf, beim Fußballklub dabei zu sein. Ich wollte lieber bei meinen Kumpel von der Schule sein und die Mädels aus der Parallelklasse bewundern. Dafür holte ich sogar mein FDJ-Hemd aus dem Schrank, das ich sonst nicht anzog. Es war das abgelegte Hemd meines Bruders. Das Blauhemd war Vorgabe der Schulleitung, nur so konnte der eigene Schulblock gut aussehen. Es war ein lustiger Vormittag, ohne Schule, wir hatten viel Spaß. Im Blauhemd der Freien Deutschen Jugend, fast 15 Jahre alt, mit den Klassenkameraden. Schon auf dem Schulhof, bei der Vorbereitung, kam ein älterer FDJler auf uns zu und machte einen Vorschlag, um unsere Schule in besonders gutem Licht erscheinen zu lassen. »Wenn wir an der Tribüne vorbeigehen, rufe ich: ›Ruft uns die Partei ...‹ – und ihr antwortet: ›... Wir sind dabei!‹ – Alles klar?« Wir stimmten zu, und so geschah es. Es war ein Spaß. Ich machte mir keine Gedanken darüber, wofür uns die Partei rufen könnte und wobei wir dabei sein sollten. Ich marschierte. Die SED-Funktionäre nahmen winkend unser Bekenntnis entgegen. Ich lief mit an diesem 1. Mai – in diesem Moment war ich ein Mitläufer.

Die Aufmärsche folgten einer genau vorgezeichneten Dramaturgie. Die Partei bestimmte im Zentralkomitee die gut 50 Losungen, das *Neue Deutschland*, das Zentralorgan der Partei, listete sie drei Wochen vor dem 1. Mai komplett auf ihrer Titelseite auf, und im ganzen Land wurden sie dann am »Kampftag der Arbeiterklasse« »spontan« und »mit großer Begeisterung« über die Straßen getragen. 1975 lasen sich die Parolen – in Auszügen – so:

- 1. Es lebe der 1. Mai, der Kampftag der internationalen Arbeiterklasse!
- 2. Proletarier aller Länder, vereinigt euch!
- 3. Es lebe der 30. Jahrestag der Befreiung vom Faschismus durch die ruhmreiche Sowjetarmee!
- 4. Ruhm und Ehre der Arbeiterklasse der DDR und ihrer marxistisch-leninistischen Partei – der SED!
- 5. Gruß und Dank allen Werktätigen der DDR, die erfolgreich die Beschlüsse des VIII. Parteitages erfüllen!

Und stellvertretend für die 50 weiteren Parolen:

- 25. Bauschaffende! Alle Kraft für den Wohnungsbau, das Kernstück unseres sozialpolitischen Programms!
- 28. Werktätige des Handels! Wetteifert um die bedarfsgerechte Versorgung der Bevölkerung!
- 31. Schriftsteller, Künstler und Kulturschaffende! Bereichert durch neue Werke unsere sozialistische Nationalkultur!
- 37. Sportlerinnen und Sportler! Stärkt mit neuen Erfolgen im Sport unsere sozialistische DDR!
- 47. Brüderlichen Gruß dem heldenhaften Volk Vietnams – Solidarität nun erst recht![13]

Das Ritual wiederholte sich jedes Jahr mit gefühlt den immer gleichen Parolen. Nur weniges symbolisierte das geforderte Verneigen vor der Partei so deutlich wie die alljährlichen Aufmärsche zum 1. Mai, dem Kampftag der Arbeiterklasse, und zum 7. Oktober, dem Tag der Republik. Ob die bestellten Aufmärsche den Mächtigen tatsächlich das Gefühl gaben, ihr Volk sei ihnen zugeneigt? Ob unter den Marschierenden wirklich welche waren, denen es ein ernsthaftes Anliegen war, der SED zu danken? Landauf, landab, in jeder Kreis- und Bezirksstadt, immer wieder, jedes Jahr aufs Neue, Millionen marschierten an den Parteitribünen vorbei.

Viele meiner Freunde waren selbst als Schüler, Lehrlinge und Studenten keine Verweigerer der Paraden. Sie liefen eben mit. Denn dieses Ritual war, wie so vieles in der DDR, eine Sache, von der man glaubte, sich nicht entziehen zu können. Wenn man »schwänzte«, drohten Konsequenzen, oder zumindestens glaubte man, dass Konsequenzen drohen könnten. Lehrlinge waren dabei freier in ihrer Entscheidung als Oberschüler oder Studenten. Letztere waren viel stärker in die Disziplin der FDJ eingebunden, der sie in aller Regel angehörten. Und die meisten von ihnen wollten ein ordentliches Studium an einer staatlichen Universität absolvieren. Dafür war es eben hilfreich, dass es so aussah, als stelle man seinen »sozialistischen Standpunkt« unter Beweis – egal, ob man ihn hat oder nicht.

Mein Freund Jürgen Fuchs hat genau diese Paradenerfahrung als Student in seinem Buch *Gedächtnisprotokolle* reflektiert. Man macht halt mit, auch wenn man es nicht wirklich mit Überzeugung tut.

»Die Fahne. Keiner wollte sie tragen. Wir blickten weg und taten geschäftig, führten intensive Gespräche mit dem, der gerade in der Nähe stand, oder wechselten die Straßenseite. Niemand wollte den Dummen machen: Es wird sich schon einer

finden. Vornweg marschieren und dann noch allein mit diesem Ding, da wirst du gesehen und verlacht, das kennt man, ich werde wohl aus freien Stücken die Fahne schleppen.
Der Verantwortliche hat zwei Möglichkeiten: Entweder er bestimmt irgendeinen, verpflichtet ihn also bei Strafe des Meldens, oder er überläßt die Entscheidung den Anwesenden, lehnt das unerwünschte Objekt an den nächsten Gartenzaun und sagt: Wenn wir losmarschieren, muß einer sie mitnehmen.
Und wohin, wenn die Demonstration zu Ende ist? Als Fahnenträger kannst du nicht in die erste beste Seitenstraße entweichen, da mußt du in Reih und Glied bleiben bis zuletzt: Wenn sich die anderen schon nach Eis oder Bockwürsten anstellen, stehst du noch als Demonstrant auf der Straße, weithin sichtbar und verzweifelt eine Ablage suchend.
Das habe ich immer wieder erlebt: Irgendeine Lautsprecherstimme verkündete kreischend große Erfolge, und wir standen als bestellte Demonstranten in Nebenstraßen und warteten, bis sich einer fand, der die Fahne mitnahm, die am Zaun lehnte. Und es war die rote Fahne.«[14]

Natürlich sind nicht nur Studenten und Schüler marschiert. Quer durch alle Betriebe liefen auch die Arbeiter mit. Horst Schmidt, dessen Sohn Michael 1984 an der Mauer erschossen wurde, schreibt in seinen Erinnerungen, dass er sich während seines gesamten Lebens in der DDR von Partei und Kampfgruppen ferngehalten habe. Irgendwann, in den 70er-Jahren, war er bei den Aufmärschen dann doch dabei. »Ich habe nie eine Fahne rausgehängt. Vor den ›Kampfdemonstrationen‹ am 1. Mai habe ich mich zunächst gedrückt; ich habe mir immer neue Ausreden ausgedacht und bin nicht hingegangen. Schließlich hab ich mich belatschern lassen: Ich sollte doch bitte Fotos machen fürs Brigadetagebuch ...«[15] Am Ende war es der Druck der Kollegen, die wegen Horst Schmidts Verhalten befürchteten, selbst Schaden zu nehmen. So trat Schmidt schließlich auch in die Gesellschaft für Deutsch-Sowjetische Freundschaft (DSF) ein. »Andernfalls hätte man die eigenen Kollegen gegen sich gehabt: ›Wir wollten doch Gelder für den Brigadeabend haben ...‹«[16] Tatsächlich hat es oft genau so funktioniert: Die Solidarität unter Arbeitskollegen gab den Ausschlag. Das Mitlaufen war nicht automatisch Ausdruck ideologischer Festigkeit, sondern entsprang auch der Sehnsucht nach Gemeinschaft, dem Wunsch nach einem Miteinander.

Ich habe es selbst auch so erlebt. Die vielen Gruppen, die mitliefen, mussten sich nicht nur auf Geheiß von Schulleitung oder Kombinatsleitung präsentieren. Sie wollten sich auch darstellen. Es war eine Gelegenheit, Anerkennung für die geleistete Arbeit zu bekommen. Ein Moment im Scheinwerferlicht, Applaus und bewundernde Blicke für sportliche Leistungen oder die schönen Kostüme der Tänzerinnen. Dazu die Klänge der Marschlieder von der Schalmeienkapelle. Wie viele waren sich in den Momenten bewusst, dass sie Teil einer ideologischen Inszenierung waren, dass sie als Mitläufer in den Paraden den Machthabern das Gefühl der Legitimität des Systems gaben?

Wer heute auf die Fotos und Aufnahmen dieser Aufmärsche schaut, sieht in ihnen die Musterbeispiele der Inszenierung der Diktatur. Aber wer selbst dabei war, hat die politische Dimension in den meisten Fällen nicht ernst genommen oder verdrängt, selbst wenn ihm bewusst war, dass es nur ein Schauspiel war, bei dem man seine Rolle erfüllte. Die Journalistin Sabine Rennefanz erinnert sich in ihrem Buch über die Endzeit der DDR an eine Begebenheit, die die Widersprüchlichkeit dieser Inszenierung beleuchtet. Eine Schulfreundin von ihr, engagiert in der FDJ, hatte in einer FDJ-Sitzung einen frechen Witz über das Politbüro gemacht. Daraufhin war ihr der Rauswurf von der Schule angedroht worden.

> »Conny war schnell über den Vorfall hinweg. Die Direktorin, Frau Koschke, wollte sie bloß verwarnen, ein Exempel statuieren, damit hatte sie uns anderen schon genug Angst eingejagt. Zur Feier des 40. Geburtstags der Republik am 7. Oktober 1989 durfte Conny mit einer Delegation von FDJlern nach Berlin fahren. Das Mädchen, das eben noch als Staatsfeindin galt, marschierte am 7. Oktober fähnchenschwenkend an der Tribüne mit Erich Honecker und Michail Gorbatschow vorbei.«[17]

Des Kaisers neue Kleider. Das Politbüro, das Conny in ihrem Witz als zahnlos entlarvt hatte, dessen Direktiven die Lehrerin veranlassten, Conny zur Staatsfeindin zu erklären, da stand es und nahm geduldig lächelnd ihren winkenden Vorbeimarsch entgegen. Wie haben sich Menschen in diesen Widersprüchen einrichten können? Es war wichtig, dass man nicht als Staatsfeind abgestempelt war. Die Androhung, dieses Etikett verpasst zu bekommen, war eine wirksame Waffe, weil es eine Garantie auf ein Leben am Rande war. Jede Chance auf Bewährung war willkommen. Man suchte nach Möglichkeiten, sich treu zu bleiben und dennoch den Ansprüchen zu genügen. Widersprechen und anpassen.

Auch ich habe es immer wieder in meinem Leben so gelebt. Mein Reifezeugnis der EOS Johannes R. Becher vom Juni 1972 zeigte einen empfindlichen Makel. Zu finden war dieser in der Gesamteinschätzung, die der Klassenlehrer ganz unten auf das Zeugnis eintrug. »... [Roland Jahn] vertrat in Diskussionen seine Meinung offen und ehrlich, er muß sich jedoch um einen klaren sozialistischen Standpunkt bemühen. Gesamtverhalten: befriedigend.«

Es war dieser letzte Satz, der meinen Vater sorgenvoll stimmte. Er war zwar selbst nicht Mitglied der Sozialistischen Einheitspartei, trotzdem wollte er einen ideologisch verlässlichen Sohn. »Das wird dir dein Leben lang nachhängen, Roland. Wo auch immer du dein Abiturzeugnis vorlegst, wenn du nach zwölf Jahren Schule keinen klaren sozialistischen Standpunkt vorweisen kannst, wird dir das viele Chancen verbauen.« Ich war versucht, seine Bedenken in den Wind zu schlagen. Na und? Ich hatte schon ganz andere Ansagen ignoriert und Erfolg damit gehabt. Doch das hier sei etwas anderes, meinte mein Vater. Hier ginge es nicht um West-Musik und lange Haare. Die Tür zum Studium sei damit verschlossen.

Er gab mir den Rat, mich dringend darum zu bemühen, dass der Satz geändert würde. Könnte ich nicht Peppis Vater um ein Gespräch bitten? Peppi war ein Mitspieler aus dem Fußballverein und sein Vater der Direktor meiner Schule. Unsere Väter kannten sich vom Fußballplatz. »Der hat sicher ein Ohr für dich. Peppi ist ja genauso alt wie du.« Ich stand kurz vor meinem 19. Geburtstag. Die Weichen für mein Leben wurden jetzt gestellt. Und zum Studium wollte ich unbedingt. Eine gute Ausbildung war die Voraussetzung für die Anerkennung, die ich mir im Beruf wünschte. Meine Eltern hatten es mir eingetrichtert. »Du willst doch vorwärtskommen«, hatte meine Mutter oft genug gesagt, »und wenn man vorwärtskommen will, muss man auch Kompromisse machen.« Eine Woche redeten wir uns die Köpfe heiß. Das Abiturzeugnis wurde plötzlich zum entscheidenden Wegweiser für mein ganzes Leben. »Du hast dich ja noch nicht mal drei Jahre für die Armee verpflichtet! Damit ist die Eignung fürs Studium futsch. Mit diesem Zeugnis ist nun jede Chance vertan. Willst du das?«

Am Ende der Woche stand fest: Nein, das wollte ich nicht. Ich wollte mir nicht mein Leben verbauen lassen. Ich wollte studieren, und ich wollte tatsächlich, dass dieser Satz aus meinem Zeugnis verschwindet. Eine Alternative zum Studium konnte ich mir zu diesem Zeitpunkt einfach nicht vorstellen.

Wie verrückt war es, dass ich mich damals selbst bemühte, die Bewertung meiner kritischen Haltung in eine staatsfreundlichere zu verwandeln? Der »sozialistische Standpunkt« war ja eigentlich eine Vokabel für das Bekenntnis zum Staat. Dem Staat war ich nicht unbedingt zugetan. Aber Sozialismus als Idee? Das fand ich okay. Wir träumten schließlich von einem Sozialismus mit menschlichem Antlitz, wie die Tschechen es 1968 versucht hatten. Mit dem Begriff Sozialismus konnte ich leben. Das war meine Taktik für das Gespräch mit dem Direktor.

»Herr Mehrbach, in meinem Zeugnis steht ein Satz, der verbaut mir alle Chancen im Leben. Ich bitte Sie zu überlegen, ob sich das nicht ändern lässt.« Er lehnte es kategorisch ab, die Einschätzungen des Klassenlehrers einfach zu verändern. »Er wird sich schon etwas dabei gedacht haben, Roland.« Ich schüttelte entschieden den Kopf. »Eben nicht. Wenn er das getan hätte, wüsste er doch, dass er mir mit diesem einen Satz meine ganze Zukunft verbaut. Ich habe doch nichts gegen den Staat oder den Sozialismus. Ich äußere nur ab und an Kritik an den Dingen, wie sie laufen. Aber ich gehe doch jetzt zur Armee, und dann will ich studieren. Mit diesem Zeugnis kann ich das Studium knicken.« Mehrbach nahm das Zeugnis in die Hand und prüfte es eingehend. Am Ende vereinbarten wir einen Kompromiss. Die Beurteilung wurde um die Worte »noch stärker« ergänzt. In meinem Zeugnis stand nun »...[Roland Jahn] muß sich jedoch noch stärker um einen klaren sozialistischen Standpunkt bemühen.« Damit war nun amtlich, dass ich zwar kritisch dachte, aber man mir einen sozialistischen Standpunkt bescheinigte. Meine Chance auf ein Studium war gewahrt.

Habe ich mich mit dieser Lösung gut gefühlt? Erleichtert? Zumindest war ich beruhigt, dass ich meinen Eltern sagen konnte, es läuft alles nach Plan. Ich mache schon meinen Weg. Und daran glaubte ich, dass ich in der DDR, in meiner Heimat, einen Platz finden könnte. Dass die Zeiten offener werden könnten. Immerhin hatte Erich Honecker im Jahr zuvor Walter Ulbricht als SED-Parteichef abgelöst.

Gleich Ende 1971 hatte der neue Parteichef einen Satz verlautbaren lassen, der viele in meinem Umfeld elektrisierte. »Wenn man von der festen Position des Sozialismus ausgeht, kann es meines Erachtens auf dem Gebiet von Kunst und Literatur keine Tabus geben.«[18] Viele verstanden diesen Satz als eine Aufforderung. Mein Schulfreund Siegfried Reiprich war 1972 ein Jahr vor dem Abitur. Als Mitglied des Singeklubs der Johannes-R.-Becher-Oberschule war er Mitinitiator einer Veranstaltungsreihe mit dem Titel »Songs und Lyrik« in der Schulaula. Man trug Gedichte vor und Texte und Lieder. In seiner Klasse wurde er sogar Sekretär für Agitation und Propaganda. »Ich fühlte mich als Reformer und wollte genau an der Stelle Dinge weiter in Bewegung bringen.« Zu den Weltjugendfestspielen im August 1973 ließ er sich von der FDJ delegieren. Er wollte sich offiziell als Mitglied der Freien Deutschen Jugend in die internationalen Diskussionen über den Sozialismus einbringen. Außerdem war damit garantiert, dass er, fest eingeplant in die Organisation des Ereignisses, viele neue Leute kennenlernen konnte und wirklich in der DDR, in der Hauptstadt, internationale Begegnungen erleben konnte. Im Blauhemd auf dem Alexanderplatz diskutierte er dann tatsächlich mit Franzosen, Chilenen und Bundesbürgern.

Das Mitlaufen war in dieser Zeit für viele auch etwas, das mit Aussicht auf Veränderung verknüpft war. Das Mitgestalten der empfundenen neuen Spielräume schien am besten von innen heraus zu gehen, gerade auch weil man die tumben Partei-Apparatschiks satthatte, die auf alle Fragen stets die immer gleichen Phrasen abspulten. Jürgen Fuchs war so überzeugt vom Sozialismus, dass er 1973 sogar in die SED eintrat. 1975, als er an der Uni Probleme bekam und die Partei ihn ausschloss, schrieb er dem Parteivorsitzenden Erich Honecker:

>»Weil ich möchte, daß sich unsere Gesellschaft entwickelt, interessiere ich mich für ihre Gegensätze. Auch bin ich sehr dafür, daß wir uns alle kräftig einmischen in unsere eigenen Angelegenheiten – aus diesem Grunde wurde ich vor zwei Jahren Mitglied der Partei. Ich wollte noch besser als bisher Denken und Handeln verbinden; außerdem ist es für einen Marxisten naheliegend, sich der kommunistischen Partei seines Landes anzuschließen.«[19]

Schnell aber kollidierten für Jürgen Fuchs Anspruch und Wirklichkeit.

>»[Die Parteimitglieder] saßen ihre Zeit ab, waren froh, wenn niemand Fragen stellte, sie vertraten eine ›offizielle‹ Meinung, die sie auch in der Partei äußerten, um Punkte zu sammeln, und eine ›private‹ Meinung, die sie unter vier Augen äußerten.«[20]

Was Fuchs unter Parteimitgliedern beobachtete und aufschrieb, war eigentlich für das ganze Land, für viele Menschen, zutreffend.

> »Was sollen wir uns Gedanken machen, die Politik wird ohnehin oben im ZK gemacht / Diskutier doch nicht immer, das geht uns schon auf die Nerven, *die* (gemeint waren die führenden Politiker der DDR) werden schon wissen, was zu tun ist / Dazu kann ich noch nichts sagen, ich erhalte morgen erst Instruktionen / ›demokratischer Zentralismus‹ schön und gut, aber auf den Zentralismus kommt es an / Wenn du aus der Reihe tanzt, wirst du nur fertiggemacht / Denk doch an deine Familie und sei lieber still / Beschreibe doch das Schöne, nicht immer das, was noch nicht so gut ist« usw.[21]

So tief habe ich selbst nie in das Innenleben der Partei geblickt. Und doch war ich von den Ideen des Sozialismus als junger Mann angetan. Sie waren eben nur gekidnappt von sturen Bürokraten, die man mit Einfallsreichtum überlisten musste. Anpassen und widersprechen, mitlaufen und ausscheren. Es war immer wieder beides.

Das Mitlaufen in der Inszenierung, es war eben auch ein Teil des Alltags, selbst wenn man sich über die sturen Bürokraten und über das, was die SED vorgab, aufregte. Mein Freund Peter Rösch war 1974 bereits einige Jahre an der Friedrich-Schiller-Universität in Jena beschäftigt. Als Jungfacharbeiter arbeitete er in der Zentralwerkstatt der medizinischen Fakultät und hatte einen Arbeitsplatz, der ihm viel Spaß machte, vor allem, weil er eine Reihe netter Kollegen hatte. Aber auch dort war er eingebunden in die Vorgaben der Partei: Der sozialistische Wettbewerb, in dem sich seine Brigade beweisen musste, wenn sie am Ende prämiert werden wollte. Die sozialistische Hilfe, bei der die Brigade bei der Ernte in der Landwirtschaft mithalf. Die Subbotniks, Einsätze in Betrieben oder an Schulen. Man stand füreinander ein und hatte vielleicht auch trotz der Ansprüche des Staates eine gute Zeit.

Als sein sozialistisches Arbeitskollektiv im Februar 1974 dazu abgeordnet wurde, dem Generalsekretär der SED Erich Honecker an einem kalten Wintertag an der Autobahnabfahrt Jena-Göschwitz die Ehre zu erweisen, war auch Peter mit dabei. Honecker war unterwegs nach Rudolstadt, um den Karl-Marx-Orden der DDR an das VEB Chemiefaserkombinat Schwarza »Wilhelm Pieck« zur verleihen. Die Wegstrecke musste gesäumt werden von freundlichen Bürgern, die dem höchsten Mann im Staate zujubelten. Statt zu arbeiten fuhren die ausgewählten Brigaden mit der Straßenbahn an den Stadtrand und liefen bis zur Autobahn. Dass es für jeweils zwei der bestellten Jubler eine Flasche Schnaps gab, hat zumindest die Motivation beflügelt.

Peter erinnert sich noch heute an seinen älteren Arbeitskollegen Gustav, der besonders gern nach Feierabend auf den Staat geschimpft hat. Als Honecker die Autobahnabfahrt nahm, hielt sein sowjetischer Czajka vor den etlichen Hundert dorthin beorderten Menschen an, und er schüttelte entlang der Straße die Hände. Auch die von Gustav, der danach stolz war, dem Staatsratsvorsitzenden einmal persönlich die Hand geschüttelt zu haben. »Der Erich hat mich begrüßt.« Davon hat er tagelang erzählt. Und Peter? Er war Teil seiner Brigade, die an diesem Tag eben einen besonderen Arbeitsauftrag hatte.

Unterordnen

Es war doch Pflicht

Der Mann in der NVA-Uniform hinter seinem Schreibtisch genoss den Moment sichtlich. »Es ist nicht weit weg von zu Hause«, sagte er bei der Einberufungsuntersuchung, als es darum ging zu verkünden, wo ich meinen Grundwehrdienst ableisten musste. Auf seinem Gesicht lag ein kleines wissendes Lächeln. »Es liegt rund 50 Kilometer von Jena entfernt.« Immer noch ließ er mich im Ungewissen. Wohin wurde ich eingezogen? 50 Kilometer im Umkreis von Jena – das könnte in der Nähe der Grenze zum »Westen«, zur Bundesrepublik, sein.

Soldat bei den Grenztruppen zu werden, das war bitterer Ernst. Wenn man an die Grenze käme, wäre das Spiel mit einem Schlag vorbei. So sehr man die Grenze im Alltag verdrängte, hier, in diesem Raum bei der Einberufung, wurde sie plötzlich ganz real. Die Munition der Grenztruppen war scharf, die Grenze, so wollte es der Staat, musste tatsächlich verteidigt werden. Und das nicht nach außen, sondern gegen die eigenen Bürger.

Wir hatten in den Schulpausen oft über den Grundwehrdienst diskutiert. Wie lange geht man hin? Wie wichtig ist das fürs Studium? Was kann einem da so alles passieren? Und immer wieder kreisten unsere Gespräche um den Moment der Frage nach dem Dienst an der Grenze zum Westen. Soll man Ja sagen und hingehen? Tatsächlich auf Menschen schießen müssen? Darf man einfach Nein sagen? Welche Konsequenzen würde das haben? In der Parallelklasse gab es einen Mitschüler, dessen Vater Arzt war, weshalb es für den Sohn besonders wichtig war, Medizin zu studieren. Da wollte er nichts riskieren, was das gefährden könnte. »Man muss auch Kompromisse eingehen. Es wird schon nicht so schlimm werden.« Um das Medizinstudium nicht zu gefährden, war er bereit, an die Grenze zu gehen. Er setzte auf die Hoffnung, dass sich schon niemand mit Fluchtabsichten in seinen Grenzabschnitt verirren würde. Was hätte er sonst auch machen sollen? Den Grenzdienst verweigern und damit sein Medizinstudium verspielen und die Karriere des Vaters gefährden? Wir alle standen vor dieser unmöglichen Frage.

Mein Freund Lutz Rathenow hatte diese Frage genau ein Jahr zuvor mit einem Ja beantwortet. Er leistete seinen Wehrdienst an der Grenze Richtung Westen ab. Lutz war mit 18 voller revolutionärer Ideen – mit der Waffe umgehen lernen, das schreckte ihn nicht. Über die Grenze hat er dabei nicht wirklich nachgedacht. Ein Stück weit war es auch die Unlust an einem normalen Armeedienst, die ihm die Grenze erträglicher erscheinen ließ. Und so verwandte er nicht sonderlich viel Mühe darauf, die Grenze zu vermeiden.

»Ich hätte mich geschickter, verlogener herausreden können: psychische Probleme, noch nicht die innere Reife. Vielleicht hätte ich es so verlogen geschickt hingebogen, dass es noch nicht einmal die Studienzulassung gekostet hätte. Aber ich wollte die Armee an der Grenze hinter mich bringen. Denn an den beiden östlichen Grenzen würde man mehr schikaniert – so hieß es. An der Westgrenze war zudem die Verpflegung besser. Vor allem wollte ich nicht ins Wachregiment mit den nervenzerrüttenden 24-Stunden-Diensten. Mit den vielen Vorgesetzten, die ständig korrekt zu grüßen waren.«[26]

Das leichtfertige Spiel, den »bequemeren« Dienst an der Grenze zu schieben, ging für Lutz Rathenow gut aus. Er hat Glück gehabt. Kein Flüchtling hat sich den Grenzabschnitt ausgesucht, in dem er Posten stand. Seine Bereitschaft zum Schießen, seine Bereitschaft zum Töten, sie wurden nicht geprüft. Stattdessen durchlief er eine lange Zeit permanenter Indoktrination. Schließlich ging es darum, die »Bedrohung« durch die eigenen Bürger zu rechtfertigen.

»Oft hörten wir vor dem Ausrücken Gruselgeschichten von hinterrücks überfallenen Grenzsoldaten. Die Lektion: töten oder getötet werden. Wir sollten in einen permanenten psychischen Ausnahmezustand versetzt werden.«[27]

Zugleich galt aber auch:

»Auf eventuell entgegenkommende westalliierte Soldaten durfte[n wir] nicht schießen ... Hubschrauber des Bundesgrenzschutzes, die versehentlich oder absichtlich versehentlich über DDR-Gebiet schwirrten, durften nicht einmal mit Warnschüssen bedrängt werden.«[28]

Das Grenzsystem war auf eine besondere Art verdreht. Hier verlangte der Staat von seinen Wehrpflichtigen die Bereitschaft, die eigenen Leute zu erschießen. Sich dieser Forderung unterzuordnen, das ging an die Substanz. Was sollte ich auf diese Zumutung antworten? Hier vor dieser Einberufungskommission. Ich war nervös, ängstlich, in einer Art Ausnahmezustand.

Endlich legte der Offizier die Karten auf den Tisch: »Sie kommen zur Bereitschaftspolizei, und zwar in die Kaserne nach Rudolstadt.« Mir fiel ein Stein vom Herzen. Das Armee-Roulette, es hatte mich davor bewahrt, wirklich Farbe bekennen zu müssen. Statt zur NVA oder gar den Grenztruppen nun zur Bereitschaftspolizei – das schien mir in mehrfacher Hinsicht ein Glücksfall.

Selbst wenn ich fernab der West-Grenze an einem anderen Standort der NVA hätte dienen müssen – es gab doch genug Geschichten, die ein trostloses Bild auch von dort zeichneten. Ehemalige Schüler, frisch bei der Fahne, berichteten auf Urlaub in Jena von einer quälenden Zeit im Militärdrill, fernab von jeder Art Vergnügen oder Leben. Weit weg auch von Freundin und Familie. Irgendwo dort, wo der Hund begraben liegt. Hoch oben im Norden an der polnischen Grenze zum Beispiel. Der Ort Eggesin hat sich in diesen kurzen Dialogen damals auf ewig in meine Vorstellung eingebrannt als ein Ort der Verbannung.

Sich dem Grundwehrdienst fügen, das war für die allermeisten jungen Männer ganz normal. Unterordnen unter das Verlangte, das war an dieser Stelle besonders unausweichlich. Aber dennoch das Beste rausholen, sich irgendwie durchschlängeln, das wurde für viele Wehrpflichtige zur eigentlichen Herausforderung. Zum Militär gehen und zum Beispiel Kameramann sein oder im Singeklub ein Instrument lernen oder eine technische Ausbildung durchlaufen – das war das »Schlauste«, was man machen konnte. Mein Bruder, sechs Jahre älter als ich und ebenfalls begeisterter Sportler, hatte sich das zum Ziel gesetzt. »Hauptsache, man kann bei der Fahne Fußball spielen«, hatte er sich gewünscht. Und dieser Wunsch wurde ihm erfüllt. Selbst bei den Grenztruppen in Meiningen im Thüringer Wald hat er seinen Dienst oft auf dem grünen Rasen verbracht. Durchschlängeln: Fußball spielen für die Armeesportgemeinschaft »Vorwärts Meiningen« statt regelmäßiger Dienst an der West-Grenze.

Mein Verein bei der Bereitschaftspolizei hieß Dynamo Rudolstadt. Fußball spielen, das war auch mein Ziel. Irgendwie durchkommen. Den Militärdienst als solchen habe ich nicht abgelehnt. Wie viele von uns. Eine Armee, so dachte ich, war eine Notwendigkeit, jedes Land braucht eine Armee, und die Wehrpflicht gehört dazu. Mein Freund Siegfried Reiprich brachte es für sich auf den Punkt.

»Ich war ja kein Pazifist. Ich meinte, falls der ›Imperialismus‹ angriffe, notfalls den ›Sozialismus‹ verteidigen zu müssen. Na ja, das war ja Anfang der 70er-Jahre. Wir konnten nur in den Kategorien denken, die wir vorfanden, die uns aufgezwungen wurden.«[29]

Vermutlich hätte es meine Aussichten auf einen Studienplatz deutlich verbessert, hätte ich mich gleich für drei Jahre statt nur für den Grundwehrdienst von 18 Monaten verpflichtet. Darauf hatten die Lehrer oft genug und mit Nachdruck hingewiesen. »Es macht die Befürwortung der Zulassung zum Studium wesentlich einfacher!« Aber dazu hatte ich mich nicht durchringen können. Zum Leidwesen meiner Eltern, die alles, was dem Studium förderlich war, für gut befanden. Sie waren auch der Wehrpflicht gegenüber aufgeschlossen. »Wird Zeit, dass du zur Armee kommst, damit du einen geregelten Ablauf kennenlernst«, hatte meine Mutter mehr als einmal gesagt. Und auch mein kriegsversehrter Vater fand nichts Ungewöhnliches daran, seine Söhne zur Armee ziehen zu lassen.

Wie viele andere meines Jahrgangs hatte auch ich von der Möglichkeit, den Wehrdienst in einer Bausoldaten-Einheit ohne Waffe abzuleisten, noch nichts gehört. Ich hatte mich auch nicht um Alternativen bemüht. Aus meiner Sicht war die Armee eben Pflicht. Für jeden. Und so nahm ich den Dienst als notwendiges Übel – schließlich sah ich mich, trotz aller Kritik am Staat, nach wie vor auf dem Weg zum Studium an einer staatlichen Hochschule.

Die Gewöhnung an den Kasernenalltag ging schnell

und radikal. Man gewöhnte sich daran, indem man die Ohren einfach auf Durchzug stellte und sich fügte. Raus aus den Zivilklamotten, rein in die Uniform. Zu acht auf einer »Stube«. Und dann begann das, was meine Mutter wohl mit geregeltem Alltag meinte: eine kontinuierliche Fremdbestimmung und Eingewöhnung in den militärischen Drill. Exerzieren. Marschieren. Nach wenigen Wochen kam dann das Gelöbnis. »Ich schwöre, der Deutschen Demokratischen Republik, meinem Vaterland, allzeit treu zu dienen und sie auf Befehl der Arbeiter-und-Bauern-Regierung gegen jeden Feind zu schützen.«

Dazu diente eine Mot-Schützenausbildung (motorisierte Schützen) mit MP-Schießen und eine Polizeiausbildung mit Schlagstockeinsatz und Nahkampf auf Judo-Basis. Mit aufgesetztem Bajonett, die Waffe im Anschlag im Stechschritt vorwärts, unsere Stiefel knallten auf den Asphalt, marschierten wir bei den Übungen gegen den imaginären Feind. Besonders das immer wiederkehrende Üben des Schlagstockeinsatzes ist mir in Erinnerung. »Schlagstock hoch! Schlagstock quer! Einsatz!« Der mit beiden Armen quer vor der Brust gehaltene Schlagstock – immer in Vorwärtsbewegung – sollte die Demonstranten zurückdrängen.

Als wir nach drei Monaten zu einer Übung ausrückten, hieß das Szenario: Eindämmung von Studentenunruhen in Jena. Mit einem Mal war das Spiel für mich als Bereitschaftspolizist vorbei. Plötzlich war es auch für mich ernst: Wir waren 19 oder 20, viele wollten nach der Armeezeit studieren. Was machten wir bei dieser Übung? Glasklar stand es mir vor Augen: Hier lernten wir nicht, einen imaginären Feind zu bekämpfen, hier probten wir den Einsatz gegen uns selbst!

In dem kleinen Band *Vom Sinn des Soldatenseins*, der jedem Wehrpflichtigen ausgehändigt wurde, klebte für die Volkspolizei-Bereitschaften ein ausklappbarer Zettel. »Die Deutsche Volkspolizei, von der Arbeiterklasse und ihrer marxistisch-leninistischen Partei formiert und erzogen, gewährleistet die öffentliche Ordnung und Sicherheit in unserem Staate.« Das war die übliche Rhetorik. »Wir kämpfen dafür, dass von deutschem Boden nie wieder ein Krieg ausgeht, und stehen kampfbereit auf Wacht, um den Boden unserer sozialistischen Heimat vor neuen imperialistischen Kriegsabenteuern zu schützen.« Schön und gut. Die Parolen kannte ich. Aber die Eindämmung von Studentenunruhen in Jena? Das war gegen uns selbst gerichtet. Die Erkenntnis erschreckte mich, und doch gab es keine Handlungsoption. Wer das Militär verließ, war ein Fahnenflüchtling. Das war ein garantierter Gang ins Gefängnis. Also ging der Alltag weiter. Dem Befehl zum »Gefechtsalarm« konnten wir uns nicht entziehen. Immer wieder rückten wir aus, zur Übung, über den Kasernenhof, raus auf die Straße. Zu Hunderten marschierten wir durch die Orte der Umgebung und in die Wälder, durchkämmten die Flurstücke auf der Suche nach dem »Feind«, nach »Unruhestiftern«, die sich im Eventualfall in die Thüringer Berge geflüchtet hätten. Die Sorge, dass wir wirklich einmal zu einem echten Einsatz befehligt würden, war stets präsent in unserem Denken, bis zum letzten Tag.

»Für viele war die Armee in der DDR der erste wirkliche Schock ihres Lebens«[30], schreibt Lutz Rathenow und bezieht sich selbst in diese Erfahrung ein. Die Armeezeit, sie war wie die DDR im Kleinen. Umgeben von Propaganda, die eine Welt in Feind-Freund-Denken erklärte, wurden wir gedrillt, das zu tun, was wir nicht wollten. Im Politunterricht sollten uns die Offiziere »ideologische Reife« vermitteln. »[Der Soldat oder der Wachtmeister] muss wissen, was er verteidigt, vor wem er unsere Arbeiter-und-Bauern-Macht mit ihren in aller Welt anerkannten sozialistischen Errungenschaften schützen soll. Die Kraft dazu wird aus der Liebe zu unserer Deutschen Demokratischen Republik geboren und aus dem Haß gegenüber den imperialistischen Kräften.«[31] Die wöchentliche »Rotlichtbestrahlung« – sie war vor allem ermüdend.

Die endlose Phrasendrescherei der Offiziere war besonders schwer zu ertragen, weil es spürbar war, dass auch unsere Anleiter nicht wirklich daran glaubten. Die Offiziere waren Paradebeispiele des Theaterspiels DDR. Sie beriefen sich auf die hohlen Phrasen der Partei und waren am Ende nur daran interessiert, alles geräuschlos ablaufen zu lassen und ihre eigenen Karrieren voranzutreiben. Im Schulungsraum sprachen sie von der menschengerechten Gesellschaft, im Kasernenalltag spielten sie uns gegeneinander aus. Das überzogene System von Befehl und Gehorsam in dieser Armee bündelte wie in einem Brennglas die Regeln, nach denen die Gesellschaft insgesamt funktionierte.

Und so wurde dort, wie beim Wehrdienst generell, das Schauspiel DDR für die meisten erst wirklich erkennbar. Nicht selten hinterließ der Wehrdienst deshalb Spuren, die das ganze weitere Leben bestimmten.

Im April 1974 war die Zwangssituation Armee für mich endlich vorbei und hatte das Zählen der Tage, das sehnsüchtige Warten auf die Entlassung ein Ende. Das Leben in Uniform hatte mir einen neuen Blick auf die Gesellschaft, in der ich lebte, eröffnet. Hatte ich bislang gedacht, dass es Einzelfälle waren, in denen jemand ungerecht behandelt wurde, so war mir nun deutlich, dass es eine Frage des ganzen Systems war. Was war das für ein Staat, in dem ich lebte? Es war das System des »real existierenden Sozialismus« in der DDR, das sich als Farce entpuppte.

Trotzdem tauchte ich wieder ein in den DDR-Alltag. In gut einem Jahr wollte ich mein Studium beginnen. Für einen sofortigen Start fehlte mir das Prädikat »besonders geeignet«. Damit die Zulassung klappte, ging ich zur Abendschule, um meine Abiturnote in Deutsch zu verbessern. Für mein Wunschfach Wirtschaftswissenschaften wollte ich alle Hindernisse im Zeugnis ausräumen. Mein Vater besorgte mir für das Jahr einen Job als Sportplatzwart bei Carl Zeiss Jena. Und er erinnerte mich daran, dass auch eine ernüchternde Armeezeit mich nicht davon abhalten sollte, das nächste Ziel im Blick zu behalten. »Egal, wie es war, schau, dass das mit deinem Studienplatz auch wirklich jetzt was wird.«

Das Ziel Studium fest im Blick, genoss ich die Zeit mit meinen Freunden. In Jena kamen ständig neue Leute dazu. Das Kombinat Carl Zeiss sollte wachsen, es gab ein stetes Kommen junger, motivierter Menschen in die Stadt. Es war vieles in Bewegung. Wir verbrachten gemeinsame Wochenenden, feierten Partys, wanderten durch die Berge. Wir hatten eine gute Zeit. Bis sich im Januar 1975 der Staat erneut in unser Leben drängte. Wir waren für eine Verlobungsfeier in einer Wohngemeinschaft in der Gartenstraße zusammengekommen. Lehrlinge, Facharbeiter und Studenten, die auf Rockmusik standen und vielleicht nicht ganz so aussahen wie der Rest der Leute in der Straße. Plötzlich kam die Polizei und prügelte die Party brutal auseinander. Es war ein glücklicher Zufall, dass ich nicht auch unter den Verhafteten war. Eine halbe Stunde vor dem Eintreffen der Polizei war ich mit meiner Freundin Gudrun gegangen, habe aber später von allen, die dabei waren, erschreckende Schilderungen gehört.

»Etwa fünfzehn Polizisten drängten plötzlich in die kleine Wohnung rein! Da waren aber bereits vierzig Leute versammelt, es kam zum Schubsen und Drängeln. Darauf holten die ihre Gummiknüppel raus und schlugen wahllos auf uns ein. Eine Freundin knallte in den großen Flurspiegel, ich hörte es scheppern, dann wurde ich an den Haaren aus der Wohnung gezerrt. Draußen stand schon der Mannschaftswagen bereit, sie prügelten uns da hinauf, dann wurden wir abtransportiert. Wir waren etwa ein Dutzend Verhaftete. Der ganze Vorgang hatte etwas total Faschistisches ...«[32],

erzählte mein Freund Peter Rösch. Bei mir löste dieser Überfall aber noch ein anderes Echo aus: Bei den Bereitschaften der Volkspolizei hatten wir den Einsatz gegen Demonstranten geübt. Und hier? Kam der Staat tatsächlich und verprügelte junge Menschen, weil sie ihm nicht auf Linie erschienen. Die Polizisten trugen die gleichen grünen Uniformen, die ich selbst vor Kurzem noch getragen hatte. Hier war das Realität, was wir nur geprobt hatten. Die »Unruhestifter«, das waren nun meine Freunde.

Doch es ging noch weiter. Die Zurückgebliebenen zogen zum Volkspolizei-Kreisamt und protestierten gegen die Festnahmen und den brutalen Überfall. Noch in der Nacht wurden meine Freunde wieder freigelassen. Nach dem ersten Schock schlug die Stimmung in Ärger um. Schikane und Willkür, das wollten sie sich nicht gefallen lassen und wählten den Weg eines jeden DDR-Bürgers, der mit dem Staat einen Konflikt lösen wollte. Sie schrieben Eingaben an den Rat des Kreises und des Bezirks sowie an den Staatsrat, in der Hoffnung, dass die Verantwortlichen weiter oben diejenigen, die hier überreagiert hatten, zur Ordnung riefen. Doch stattdessen wurden sie erneut bestraft. Es gab Wohnungsdurchsuchungen, Festnahmen und schließlich Verurteilungen wegen »Staatsverleumdung« und »Widerstand gegen staatliche Maßnahmen«. Das Verfahren fand in Eile und unter Ausschluss der Öffentlichkeit statt.

»Das kann doch nicht wahr sein. Das ist eine absolute Ungerechtigkeit. Dagegen müssen wir protestieren«, erklärte ich meiner Mutter, nachdem wir von den Haftstrafen und hohen Geldstrafen erfuhren. »Ach, das bringt doch nichts. Halte dich da besser raus. Die werden schon etwas angestellt haben, sonst würden sie nicht in Haft sitzen.« Meine Mutter konnte und wollte es sich nicht vorstellen, dass der Staat, in dem sie lebte, Menschen ohne Grund einsperrte. Und sie wollte wie jede Mutter das Beste für ihren Sohn. »Denk daran, du willst noch studieren.«

Das Studium, für das ich schon einige Kompromisse eingegangen war, war nach wie vor mein Ziel. Eine offene Protestaktion kam also nicht infrage. Dennoch: In unserer Clique ließ es niemanden los, dass vier von uns im Gefängnis saßen. Ohne einen ersichtlichen Grund. Wir wollten zumindest Geld sammeln, um den Inhaftierten zu helfen, die hohen Geldstrafen zu begleichen. Meine Freundin Gudrun arbeitete bei der staatlichen Forstwirtschaft. Sie organisierte, dass wir dort für einen Arbeitseinsatz eingeteilt wurden. Wir schnitten in den Weidenfeldern an der Saale Äste, die die Forstwirtschaft dann verkaufte. Eine verdeckte Spendenaktion. Offiziell durfte niemand wissen, dass wir unser verdientes Geld für unsere Freunde im Gefängnis sammelten. Gudruns Chef erlaubte es, schärfte uns aber ein, dass wir die Aktion nicht an die große Glocke hängen dürften. »Wenn einer fragt, ich weiß von nichts.« Immerhin, er hat unsere Hilfsaktion geduldet, obwohl er sich nicht zu uns bekennen wollte.

Wir alle waren ziemlich ernüchtert darüber, wozu dieser Staat fähig war. Gleichzeitig aber lebten wir unseren Alltag und waren bereit, Kompromisse einzugehen. Gudrun hatte ihren Job bei der Forstwirtschaft und wollte später studieren, um Lehrerin zu werden. Auffällig werden, offene Solidarität zeigen, das konnte sie sich nicht wirklich leisten. Und sich »bei denen da oben« zu beschweren, sich dort für die Freunde einsetzen, das hatte nach diesen Erfahrungen keinen Sinn. Und so blieb es beim Geldsammeln. Mein Freund Peter, der nach der Verhaftung zu einer Geld- und Bewährungsstrafe verurteilt worden war, war vor allem wegen der Fürsprache seiner Arbeitskollegen ohne Haftstrafe davongekommen. Sein Kollektiv, mit dem er für die Honecker-Vorbeifahrt ein Jahr zuvor Spalier gestanden hatte, das jedes Jahr um den Titel »Kollektiv der sozialistischen Arbeit« wetteiferte, fühlte sich für ihn verantwortlich. So ging auch Peter zurück zur Arbeit, zu den Kollegen, zu Subbotniks und sozialistischer Erntehilfe. Er liebte seine Arbeit als Feinmechaniker. Darauf kam es ihm an. In der Werkstatt war der Staat einfacher auszublenden. Als Peter aber drei Jahre später zum Militär musste, verweigerte er den Dienst an der Waffe und wurde Bausoldat. Dass er womöglich selbst in die Situation geraten könnte, als Bereitschaftspolizist gegen seine Freunde loszuknüppeln, auch dem wollte er sich nicht aussetzen. Diesem Staat wollte er nicht mit der Waffe dienen.

Aber eine Abkehr von der DDR, von den Menschen, die uns lieb waren, unserer Heimat, kam den meisten von uns nicht in den Sinn. Immer noch waren wir überzeugt davon, die DDR verändern zu können. Und so begaben wir uns auch nach dem schrecklichen Polizei-Überfall und den Folgen wieder hinein in den sozialistischen Alltag. Im August erhielt ich meine Studienzulassung, und im September begann ich an der Friedrich-Schiller-Universität Jena mein Studium.

»Die Lehre von Karl Marx ist allmächtig, weil sie wahr ist.« Dieses Lenin-Zitat schwebte über dem Studium der Wirtschaftswissenschaften. Es war ein Dogma. Wenn ich damals einen Vergleich gesucht hätte, wäre mir ein katholisches Priesterseminar passend erschienen. Zweifel waren nicht angebracht, das zu Lernende war unumstößliche Wahrheit. Es ging zuerst um Glauben, dann um Wissen. Die Freiheit der Wissenschaft, das Denken in alle Richtungen, das alles war nicht vorgesehen. Da die Theorie in Stein gemeißelt war, ging es für uns vor allem darum, die wirtschaftlichen Realitäten in die Theorie des Marxismus zu pressen. So war es angeordnet, so ordnete man sich unter, so ließ man es über sich ergehen. Wer Fragen stellte, wurde abgewimmelt. »Sie vertreten mir zu sehr die Volksmeinung«, entgegnete mir ein Professor auf eine Bemerkung zu den Widersprüchen zwischen Theorie und Praxis. Das war eindeutig nicht das Richtige für einen zukünftigen Führungskader. Schnell gewöhnten sich fast alle daran, das Erwartete abzuspulen. Jürgen Fuchs beschrieb die Atmosphäre in so einem Uni-Seminar mit besonderer Präzision, indem er sich vorstellte, was einer Kommilitonin durch den Kopf ging, während sie im Seminar »Wissenschaftlicher Kommunismus« einen Pflichtbeitrag ablieferte.

> »Es hat doch sowieso keinen Sinn, es bringt nichts ein, warum soll ich mir dauernd den Mund verbrennen und Fragen stellen, die anderen sitzen doch auch bloß rum und quatschen alles nach, ich habe Familie und brauche einen guten Abschluß, sonst bekomme ich die Arbeitsstelle nicht mit Krippenplatz und Wohnung, ich bin kein Schwein, aber irgendwann muß jeder Kompromisse machen, und was ich denk, brauche ich denen doch nicht dauernd auf die Nase zu binden, das habe ich jetzt satt, die wollen's doch so.«[33]

Das aber, was er in dieser Geschichte nicht beschreibt, was die Studentin im Seminar wirklich gesagt hatte, war für ihn das eigentliche Problem: Es waren die »kleinen Lügen«.

> »Es war nicht die Öde der Zeitungen am Morgen, es sind nicht die leeren Losungen von Frieden und Freundschaft draußen auf den Straßen, nicht die quasselnden Redner und die komischen Staatsmänner, es sind die kleinen Lügen, die eines Tages gegen elf gelogen werden, und du sitzt im selben Raum, auf einem anderen Stuhl oder nicht.«[34]

Was in den Seminaren besprochen wurde, musste sich in den Seminararbeiten, Abschlussarbeiten und Dissertationen wiederfinden. Es war in der Promotionsordnung der DDR verankert, dass das gesellschaftliche Engagement, die Kenntnisse des Marxismus-Leninismus Teil der Bewertung des »wissenschaftlichen« Abschlusses waren. Zitate von Erich Honecker, Kurt Hager und sonstigen Politbüro-Mitgliedern, von Lenin, Marx und Engels, sie gehörten in die Arbeiten, unabhängig von der Fachrichtung. Als ich im zweiten Semester ein Betriebspraktikum im VEB Keramische Werke Hermsdorf machte, garnierte ich selbst meinen Praktikumsbericht mit einem Honecker-Zitat. Ich glaubte, meine Kritik an der uninspirierten Betriebsführung so anbringen zu können. Ich fühlte mich sogar gut dabei, die Partei beim Wort zu nehmen. Es war für viele eine Methode, im System die Kritik »sicher« unterzubringen, sie in die Worte der akzeptierten Klassiker und Politiker zu kleiden.

Wer es erst einmal bis zum Studium geschafft hatte, der ging eben nicht mehr zu sehr aus der Deckung. An der Uni gab es wenige Austauschmöglichkeiten über »andere« Gedanken. Abends im Studentenklub erlaubten wir uns Witze und offene Fragen zu den Widersprüchen zwischen Theorie und Praxis. Wer diese Fragen tagsüber im Seminar zu laut stellte, der konnte fliegen. Das war eine stetige und klare Drohung, die uns sehr bewusst war. Die Fälle, in denen Kommilitonen von der Uni geflogen waren, sprachen sich herum. Zwar waren es nicht viele, immer nur einzelne, aber es hatte eine enorm abschreckende Wirkung. Wie viele Kompromisse geht man ein, um nicht der Nächste zu sein?

Im dritten Semester war es für alle männlichen Studenten Pflicht, in ein Militärlager zu gehen, zur weiteren Ausbildung an der Waffe und im militärischen Drill. Hatte ich nicht wirklich genug vom Militär? Ich ging hin. Das Studium hatte ich gerade erst ein Jahr zuvor angefangen. Das Ziel – ein erfolgreicher Abschluss und dann von innen heraus die Dinge bewegen – hatte ich stets vor Augen. Und so war ich auch diesmal bereit, einen Kompromiss einzugehen. Am ersten Tag – wieder auf einer »Stube«, wieder in Uniform, wieder einen Offizier vor der Nase – habe ich meinen Langmut verflucht und war doch auch überzeugt, dass das Studium es wert ist. Dass meine Chance, die DDR von innen heraus zu verändern, nicht verspielt werden durfte. Und dieses Mal dauerte es ja auch nur sechs Wochen.

Außerdem hatte ich – wie jeder, der in der DDR Student wurde – an der Universität eine »Verpflichtungserklärung« unterschrieben. Sie war nach der Zulassungsverordnung die Voraussetzung zum Studium. Darin hatten wir uns mit unserer Unterschrift unter anderem dazu verpflichtet, dass wir »die Forderungen der sozialistischen Gesellschaft an der Hochschule gewissenhaft und vorbildlich erfüllen«, aber auch, dass wir »aktiv an der militärischen Ausbildung für wehrdiensttaugliche Studenten« teilnehmen.

Matthias Storck stellte das vor ein absolutes Dilemma. Er war Sohn eines Pfarrers und Theologiestudent und hatte es geschafft, bis zu jenem Moment, als die Verpflichtung für das Militärlager im Raum stand, sich jeder Art von militärischem Dienst zu entziehen. Als überzeugter Pazifist wollte er keine Waffe in die Hand nehmen. Aber das Militärlager zu verweigern bedeutete unter Garantie die sofortige Exmatrikulation. Auch er hatte einen langen, bangen Weg bis hierher hinter sich. Was also tun?

»Nein, ich darf auch jetzt auf keinen Fall umkippen! Ich fahre nach Berlin-Weißensee zum St.-Joseph-Krankenhaus. Die einzige konfessionelle psychiatrische Einrichtung, die ich kenne. Ein katholischer Priester besorgt mir eine Einweisung für eine Therapie.«[35]

Lieber in die Psychiatrie als zum Militärlager. Die Entscheidungen, die Menschen in der DDR trafen, waren extrem. Und doch waren die Konsequenzen für jeden Einzelnen auch ein Einschnitt in sein Leben, eine Herausforderung für das eigene Gewissen. Sich den Zumutungen zu entziehen, das hatte seinen Preis.

»Als das Militärlager drei Wochen in vollem Gange ist, werde ich auf eigene Verantwortung aus der Psychiatrie entlassen. Am Studienort teilt mir der Wehrbereichsleiter in zackigen Sätzen Arbeiten in den Grünanlagen der Universität zu. Hätte ich nicht offen und ehrlich widerstehen müssen? Hätte ich nicht die Exmatrikulation in Kauf nehmen und deutlich erklären müssen, warum ich hier weder konnte noch wollte? Nein, ich war nicht als Held geboren. Auch dieser faule Kompromiss zeigt, dass der *erste* Verrat aus Schwäche geschieht.«[36]

Mitmachen

Anerkennung für die geleistete Arbeit

Im Oktober 1976 fuhr mein Vater nach Berlin, um in der »Hauptstadt der DDR« das »Banner der Arbeit – Stufe I« entgegenzunehmen. Er hatte Weltraumgeschichte mitgeschrieben, weil er beim VEB Carl Zeiss Jena an einer technischen Entwicklung mitgearbeitet hatte – einer Weltraumkamera für den Einsatz im sowjetischen Weltraumprogramm. Die Ehrung galt nicht nur ihm, sondern dem gesamten sozialistischen Kollektiv »Organisation der Kooperationen zur Fertigung der Multispektralkamera MKF-6«.

Die MKF-6 war wenige Monate zuvor mit der Sojus-22-Mission des sowjetischen Raumschiffs in die Erdumlaufbahn geschickt worden und hatte im Rennen der Weltmächte um die Vorherrschaft im All der Sowjetunion einen wichtigen Punktsieg verschafft. Dass er vom Staatsratsvorsitzenden Willi Stoph persönlich den Orden überreicht bekam, empfand mein Vater als den Höhepunkt seiner beruflichen Karriere. Geehrt wurde das Kollektiv in »Anerkennung hervorragender und langjähriger Leistungen bei der Stärkung und Festigung der Deutschen Demokratischen Republik«.

Hier stand es also schwarz auf weiß: mitgemacht bei der »Stärkung und Festigung« der DDR. Mein Vater eine Stütze des Systems. War ihm das bewusst? Er wollte Anerkennung für seine Ideen und seine Fähigkeiten und für seine Erfolge im Beruf. Dass der Staat seine Leistungen politisch benutzte, das hat er mehr oder weniger in Kauf genommen, wenn er es überhaupt wahrgenommen hat. War er ein angepasster Mitmacher, weil er sich an so prominenter Stelle von diesem Staat hatte ehren lassen?

Die Frage würde ihn wahrscheinlich unvorbereitet treffen, und sie würde ihn verletzen. Ein Leben lang hat er sich geweigert, in die Partei einzutreten. Er wollte unpolitisch sein und dennoch sein Leben leben. Er war ungemein stolz auf seine Arbeit, er sonnte sich in der Anerkennung. Die Zeitungen waren voll von Berichten über die Kamera, meine Mutter, nicht minder stolz, sammelte die Zeitungsausschnitte.

Dass die Anerkennung für seine Leistungen mit ein paar sozialistischen Floskeln umsponnen wurde, war für meinen Vater das Übliche. Die Kritik am System teilte er ja, zumindest in Maßen und zu Hause. Sich von genau diesem System, zu dem er innerlich auf Distanz ging, ehren zu lassen, das hat er ausschließlich auf seine eigene Leistung bezogen. Der Saldo: einmal »Banner der Arbeit – Stufe I«. Einmal »Ehrenplakette der Sowjetunion«. Zweimal »hervorragender Neuerer«. Sechsmal »Aktivist«. Sechsmal »Kollektiv der sozialistischen Arbeit« und schließlich die Medaille für »langjährige Pflichterfüllung zur Stärkung der Landesverteidigung der DDR«. Walter Jahn hat etwas zustande gebracht in seinem Leben. Das war ihm wichtig. Er hat gern mitgemacht im sozialistischen Wettbewerb.

Als ich im Frühjahr 2014 die Ausstellung »Farbe für die Republik« im Deutschen Historischen Museum in Berlin besuchte, war ich gefesselt von den Bildern des Alltags der DDR, die dort ausgestellt waren. Es waren Fotos der »offiziellen« DDR, man könnte sie Propagandafotos nennen. Sie erzählen von einem Alltag in Schule und Beruf, sie erzählen von Freizeitspaß und leckerem Essen. Den Menschen auf den Fotos scheint es gut zu gehen. Bilderbuchwetter. Entspannte, meist fröhliche Gesichter. Der Zukunft zugewandt. Man sieht eine fröhliche Brigade im Büro sitzen und beraten. Die Parteiführung steht lachend auf der Tribüne mit Jungen Pionieren. Frauen schrauben konzentriert an der Werkbank. Männer arbeiten kraftvoll im Stall beim Ausmisten. Die »heile Welt der Diktatur«, wie Stefan Wolle sie genannt hat, hier war sie zu besichtigen wie in einem Bilderbuch.

Wie haben sich die Menschen dabei gefühlt? Zeigen diese Bilder eine Realität oder eine Inszenierung? Es hätte mich nicht gewundert, meinen Vater als Teil seines »sozialistischen Kollektivs« im Labor des VEB Carl Zeiss Jena auf diesen Bildern zu entdecken. Die Gesichter der Menschen, sie waren mir so vertraut, als blickte ich auf Fotos von Schulfreunden, Arbeitskollegen oder Nachbarn. Diese Gesichter, sie waren auf eine bestechende Art authentisch. Mein Freund Peter und sein Kollektiv in der Zentral-Werkstatt an der Uni, meine Freundin Gudrun und ihr Chef im Forstbetrieb, meine Schwester als Chemielaborantin bei Jenapharm, sie alle hätten hier ausgestellt sein können. Warum haben sich die Menschen vor den Karren der Partei spannen lassen? Oder haben sie es gar nicht so empfunden? Hätte ich mich nicht vielleicht selbst für so ein Foto zur Verfügung gestellt? Eine Aufnahme für die Zeitschrift NBI (*Neue Berliner Illustrierte*), mit der ich republikweit bekannt geworden wäre? Sein Sohn als Nachwuchstalent beim Fußballclub in Jena – mein Vater wäre stolz gewesen.

Die Gesichter auf den Bildern zeugen von Stolz, eben jenem Gefühl, von dem auch mein Vater bei seiner Ehrung mit dem »Banner der Arbeit« erfüllt war. In den Blicken erkennt man die Suche nach Anerkennung für den täglichen Einsatz. Kann man diese Menschen alle als bedenkenlose Mitmacher verurteilen? Kann man sie in Haftung dafür nehmen, dass sie in der DDR ihr Leben gelebt haben? Kann man sie verurteilen, dass sie nicht mutig genug waren, den Zumutungen der Partei zu widersprechen?

Die Kritik an der DDR wird nicht selten als Kritik an den Menschen verstanden, die versuchten, unter den Bedingungen der Diktatur zu leben. Die Blicke auf den Bildern sagen mir, dass diese Menschen ihre Fähigkeiten in ihre Arbeit eingebracht haben, dass sie ihre Talente anerkannt wissen und Wertschätzung erfahren wollten – trotz des Regimes oder vielleicht auch als Vertreter des Regimes. Diese Wertschätzung für die geleistete Arbeit ist bis heute ein Verlangen vieler, die in der DDR gearbeitet haben. Oder ist das alles wirklich nichts wert gewesen, weil das System, in dem die Arbeit geleistet wurde, als Diktatur bezeichnet wird?

Und die Diktatur, wo ist sie zu sehen? Wie sieht

Diktatur aus? Der Schrecken kommt auf diesen Bildern jedenfalls nicht rüber. Der Schrecken, er ist auch für viele damals nicht offenkundig gewesen. Entweder haben sie ihn nicht wahrgenommen oder sie haben ihn verdrängt. Den Schießbefehl und den Stacheldraht an der Grenze, die Menschen, die wegen ihres Einsatzes für die Menschenrechte im Gefängnis landeten, die kaputten Städte, die Mangelwirtschaft, die Bevorzugung derer, die »auf Linie« waren, der Frust, das Erwartete spielen und das Eigentliche verstecken zu müssen.

Die offizielle Fotografie hat sich stark darum bemüht, die Wunschversion vom DDR-Menschen aus Sicht der Partei abzubilden. Diese Bilder haben mich beschäftigt, weil sie zeigen, dass das Theaterstück DDR funktioniert hat, aber dass eben doch auch viele Menschen für sich das Gefühl hatten, etwas »Echtes« leben zu können. Dass zumindest ihre Leistung anerkannt wurde, jenseits von Ideologie und Propaganda.

Mitmachen im System. Mein Jugendfreund Rolf Beilschmidt war in vielerlei Hinsicht einer, der das System aktiv gestützt hat. Auch er wurde 1953 in Jena geboren. Wir lernten uns durch Freunde kennen, irgendwann mit 16 oder 17 Jahren, als wir über die Tanzböden der umliegenden Dörfer zogen. »Wenn dir einer dumm kommt, dann hole ich dich raus!« Das war Rolfs Versprechen für den Fall, dass im Saal die Fäuste fliegen sollten. Mit seinen ein Meter neunzig war das ein hilfreiches Angebot.

Rolf oder »Beile«, wie wir ihn nannten, war ein Leichtathlet, der bald in die Spitzenklasse der Hochspringer aufstieg. Von 1974 bis 1979 war er DDR-Meister, dazu holte er etliche internationale Titel. Mit seiner persönlichen Bestleistung von 2,31 Metern war er nah dran am Weltrekord. »Beile« war in der SED, sein Vater war der Lokalchef der SED-Zeitung *Volkswacht* in Gera. Aber das spielte zwischen uns kaum eine Rolle. »Beile« war einfach ein cooler Typ, er stand gern im Mittelpunkt, seine Haare trug er lang, und die Mädels standen auf ihn. Jahrelang waren wir Freunde, er zog seine Runden auf dem Sportplatz für den SC Motor Jena, ich spielte für den FC Carl Zeiss Fußball. Seine Mitgliedschaft in der SED war für ihn keine weitere Überlegung wert. »Klar gehe ich in die Partei, wir wollen doch hier etwas aufbauen.« Vom Sozialismus war er überzeugt. Dass eine Mitgliedschaft nicht nachteilig für eine internationale Sportlerkarriere war, blieb ihm nicht verborgen. Auch das gehörte in seine Logik. »Der Staat fördert uns, und dafür darf er schon auch Dankbarkeit und mehr erwarten.«

Für Rolf war das Leben ohne große Komplikationen. Er war der Einzige von uns, der in den Westen konnte. Zumindest zu internationalen Wettkämpfen. Im April 1974 war »Beile« in Lissabon bei einem Wettkampf und schickte mir eine Postkarte. Eine Postkarte aus Portugal! Er schrieb mir begeistert von der Nelken-Revolution, in deren Folge die Militärjunta gerade gestürzt worden war. Er wusste, dass ich mich dafür interessieren würde. Wir hatten oft über Fragen von Gerechtigkeit gesprochen. Die Befreiung von einem faschistischen Regime war für uns eine große Sache. Die Karte mit einem Foto der Stadt, Lisboa als Schriftzug, hing lange in meinem Zimmer an der Wand.

Rolf Beilschmidt, der »Botschafter im Trainingsanzug«, der DDR-Sportler des Jahres 1977, war das, was man eine Stütze des Systems nennt. Und dennoch: Rolf war auch ein Kumpel, ein Jugendfreund, mit dem mich Freundschaft verband. Als nach dem Mauerfall bekannt wurde, dass er vom Juni 1976 an für einige Jahre als inoffizieller Mitarbeiter bei der Stasi verpflichtet war, fiel mir eine Begegnung aus genau jenem Jahr wieder ein. »Roland, du musst aufpassen. Die haben dich auf dem Kieker. Die wollten auch von mir schon Informationen«, warnte er mich noch vor der Biermann-Protestwelle. Habe ich damals gedacht, er sei ein IM, ein inoffizieller Mitarbeiter? Natürlich nicht. Das Wort existierte für uns damals nicht einmal. Selbst das Wort Stasispitzel ist mir nicht ins Hirn geschossen, als Rolf bei uns im Hausflur stand und mich warnte. Es war eine Freundschaftsgeste.

Sein Mitmachen im System selbst der Geheimpolizei hatte Rolf für sich ganz konkret definiert. Es war für ihn selbstverständlich, dass westliche Abwerbeversuche bei Auslandsaufenthalten von DDR-Spitzensportlern zu verhindern waren. Dafür war die Staatssicherheit zuständig, und der bei diesem Unterfangen zu helfen war für ihn naheliegend. In den Stasiunterlagen ist verzeichnet, dass er besonderen Wert darauf legte, die Treffen geheim zu halten, und dass die Stasi die Zusammenarbeit wegen Unzuverlässigkeit schließlich einstellte.

In den Unterlagen zu seiner Person fand sich aber noch eine Kuriosität: eine Postkarte aus Lissabon aus dem Jahre 1985. Ich hatte sie ihm geschrieben, als ich nach meinem Rauswurf in den Westen ebenfalls nach Portugal reiste. Gut zehn Jahre nach der Nelken-Revolution und seinen begeisternden Worten wollte ich mich revanchieren. Immer war ich neidisch gewesen, dass er reisen konnte, jetzt war ich hier. »Lieber Rolf, Grüße aus Lissabon«, schrieb ich und erinnerte an die verflossene Zeit. Wie verrückt war es, dass ich nun hier stand, elf Jahre später, auf das gleiche Postkartenmotiv starrte und nicht mehr nach Jena zurückkonnte. Es war ein Moment, den ich mit einem alten Freund teilen, in dem ich ihn vielleicht auch zum Nachdenken anregen wollte.

Für »Beile« aber wurde die harmlose Karte in seinem Briefkasten ein Corpus Delicti. Aus lauter Sorge vor den nicht zu kalkulierenden Folgen einer Postkarte vom mittlerweile zum »Staatsfeind« avancierten alten Jugendfreund gab er sie bei einer offiziellen Stelle ab. »Was sollte ich denn machen? Das war doch klar, dass ich sie abgeben musste«, rechtfertigte er sich später. Die Angst vor der Überwachung der Post, vor der Stasi, sie war auch bei Rolf Beilschmidt präsent. Mittlerweile war er kein aktiver Sportler mehr, sondern Sportfunktionär. Was, wenn die Partei wusste, dass er diese Karte erhalten hatte, und nur darauf wartete, dass er sie verschwieg? Was, wenn sie ihm daraus ein Verfahren konstruieren würde? Meine Freundschaftsgeste wurde für ihn zum Test. Er dachte, er müsse Farbe bekennen. Und das tat er, als er die Karte seinen Genossen übergab.

Mitmachen. Die Bekenntnisse zum Staat, sie wurden in allen Lebenslagen von den Menschen in der DDR verlangt. Ein Parteifunktionär war natürlich stärker in der Pflicht als ein Nichtmitglied. Aber die Aufforderung, sich für den Staat zu engagieren, erfolgte stetig und vielfältig. Zum Kanon dessen, was quasi »Standard« des Bekenntnisdogmas war, gehörte die Teilnahme an den Paraden, das Heraushängen der Fahne, der Gang zu den Wahlen, die Mitgliedschaft in diversen staatlichen Organisationen und Vereinen, von der FDJ über den FDGB, den Freien Deutschen Gewerkschaftsbund, bis zur Gesellschaft für Deutsch-Sowjetische Freundschaft (DSF).

Was aber sagt dieses Verhalten aus? Für die Funktionäre der Partei, für den inneren Zusammenhalt und die äußere Legitimation des Systems waren diese Bekenntnisse eine enorme Stütze. Millionen von Menschen machten mit, die DDR funktionierte. Vor jedem Wohnblock hingen am 1. Mai Hunderte von Fahnen, Hunderte von Ausweisen der Akzeptanz des Geforderten, der Akzeptanz des Regimes, in dem man lebte. Ob man wirklich daran glaubte oder nicht, ob man mitmachte, obwohl man dagegen war, ob man es einfach nur tat, weil es eben so war und doch niemandem schadete – die »normative Kraft des Faktischen« setzte ein schwer zu widerlegendes Zeichen, das Zeichen der Zustimmung zum System.

Als mich bei einer Veranstaltung kürzlich eine 16-Jährige fragte, ob es verwerflich gewesen sei, dass ihr Großvater die Fahne herausgehängt hat, um seiner Tochter, ihrer Mutter, keine Schwierigkeiten für ein Studium zu machen, fiel mit die Antwort nicht leicht. Wem hat es denn tatsächlich geschadet, die Fahne herauszuhängen? Und sie nicht herauszuhängen – wem hätte das genutzt? Der Großvater hätte damals konkret seiner Tochter schaden können, wenn er als kritischer Geist aufgefallen wäre. Manchmal hat so ein kleiner Akt schon ausgereicht. Aber wäre es nicht wichtiger gewesen, dass der Vater seiner Tochter aufrichtiges Verhalten beigebracht hätte? Selbst wenn sie dann einen Preis für ihr berufliches Leben hätte zahlen müssen? Vielleicht wäre ja auch nie etwas passiert. Die Zwangssituationen einer Diktatur sind eine große Herausforderung an die Aufrichtigkeit und den Anstand von Menschen. Es gibt keinen Maßstab. Heute moralische Bewertungen an das Verhalten von damals anzulegen und pauschal zu verurteilen wird dem Leben in der Diktatur nicht gerecht. Es gilt, differenziert den Einzelfall zu betrachten, die vielen Umstände, die in die Entscheidung zu einem Verhalten eingeflossen sind. Eine klare Antwort aber gibt es nur selten.

Auch die Wahlen waren, wie so vieles, was in der DDR von den Menschen verlangt wurde, »freiwilliger Zwang«. Denn wer einer Wahl fernblieb, wurde auffällig. Das Nichtwählen, das lag in der Logik des Bekenntnisdogmas, war eine offene Kritik an der Art, wie das System funktionierte. Wer nicht zur Wahl ging, begab sich also aus der Deckung. Das hieß: All die vielen Kompromisse, die man im Alltag einging, die vielen kleinen Entschuldigungen und Verbiegungen, die man tat, um doch halbwegs ohne Kollision mit Staat oder Partei durchzukommen, sie konnten mit dem Fernbleiben von der Wahl umsonst gewesen sein. Das weitere Studium, der Fortgang der Karriere, die Zukunft der eigenen Kinder – der Wahlakt schien entscheidend für vieles, außer für eine freie demokratische Wahl. Und so ging man hin. Zunächst alle vier, später alle fünf Jahre.

Die Inszenierung der Wahl war umfassend. Auch hier galt es, im sozialistischen Wettbewerb die »besten Ergebnisse« zu produzieren: die höchsten Prozentzahlen der Zustimmung zur Wahlliste, die umfassendste Wählermenge – der gesamte Wohnblock, das gesamte Kollektiv, die komplette Studentenschaft. Und möglichst sollten alle noch vor Mittag im Wahllokal ihr Bekenntnis abgegeben haben. In 40 Jahren DDR gab es bei den Volkskammerwahlen keine Wahlbeteiligung unter 98,4 Prozent und keine Zustimmung zur Liste der »Nationalen Front« unter 99,4 Prozent. Diese Zahlen waren die Norm, und es war die Aufgabe aller Parteifunktionäre, sie immer wieder zu reproduzieren. Beim Wahlakt selbst konnte man zwar auch in eine Kabine gehen, aber es wurde erwartet, dass man den Zettel mit der Liste vor aller Augen faltete und ohne weitere Veränderung in die Urne warf. Der Wahlakt, er war so weder frei noch geheim, sondern ein öffentliches Bekenntnis zur führenden Rolle der SED und ihrer Vorgaben.

Für meine Eltern stand es nie infrage, dass sie zur Wahl gehen. Warum sollte man sich den möglichen Ärger ins Haus holen? Mit 18, im November 1971, ging ich natürlich auch zur Wahl, ein Jungwähler vor dem Abitur. Genau erinnern kann ich mich nicht, aber ich werde schon durch ein forsches Falten des Wahlzettels vor den Augen aller die Kandidatenliste abgenickt und meinen Zettel in die Urne geworfen haben, schon meinen Eltern zuliebe. Bei der nächsten Wahl 1976 musste ich meinem Vater extra versprechen, dass ich hingehe. Ihm war es nicht verborgen geblieben, dass in meinem Freundeskreis der eine oder andere der Wahl fernblieb. Er wollte sicherstellen, dass ich nicht auf »dumme Gedanken« komme. »Denk an dein Studium, wenn du nicht wählen gehst, könnte das Schwierigkeiten bedeuten. Nicht nur für dich, auch für mich im Betrieb.« Das schärfte er mir noch kurz vor der Wahl am 17. Oktober ein.

Am Wahlsonntag schlief ich aus. Gegen 13 Uhr klopfte es unerwartet an meiner Tür im zweiten Stock. Ich war schon wach, aber noch im Schlafanzug. Der SED-Parteisekretär unserer Uni-Sektion Professor Kaufmann stand vor mir. Der Parteisekretär, mit dem ich eigentlich nichts zu tun hatte. Er war Ende 50, schütteres Haar, grauer Anzug. Er war unmissverständlich im Auftrag der Partei hier, seine Autorität ohne Zweifel. »Wo bleiben Sie denn? Es waren schon alle da. Sie sind der Letzte, der noch nicht wählen war!« Ich lächelte freundlich und versprach mein baldiges Kommen. Wegen der Wahl hatte ich meinen Wecker nicht extra gestellt. Die Wahllokale waren schließlich bis abends geöffnet. Aber die Ungeduld der Wahlorganisatoren war größer, vielleicht ging es auch wieder um eine Planerfüllung. Offenkundig sah Kaufmann noch die Chance, dass die unter seiner Aufsicht stehende Sektion an der Uni nicht als letzte bei den Wahlen in die Statistik der Partei eingehen würde, und hatte sich so höchstpersönlich auf den Weg zu meiner Studentenbude gemacht, um mich zur Wahl zu bitten.

Ich ließ mir Zeit mit dem Anziehen und war eine gute Stunde später an der Uni im Wahllokal. Es war eine besondere Maßnahme, dass in der DDR die Studenten nicht im Wahllokal ihres Wohnviertels wählten, sondern alle an die Uni zu gehen hatten. Die Studenten standen so unter besonderer Kontrolle. Fünf Augenpaare fixierten mich beim Eintreten. Sie schienen Stunden auf mich gewartet zu haben. Die Blicke wurden nervös, als ich mit dem Wahlzettel der »Nationalen Front« in die hintere Ecke zur kleinen Kabine ging. Man hatte auch in der DDR eine Wahl. Die Wahl, der Liste der Kandidaten der »Nationalen Front« zuzustimmen, einer Liste, die die SED mit den von ihr abhängigen Blockparteien bestimmt hatte. Oder aber die Wahl, die Kandidaten alle abzulehnen. Das jedoch musste durch ein säuberliches Streichen jedes einzelnen Namens geschehen, damit der Wahlzettel nicht als ungültige Stimme gewertet wurde. Mit einem viel zu harten Bleistift kratzte ich über das bröselige Papier und strich jeden Namen durch. Dann warf ich das gefaltete Blatt in die Wahlurne und ging wieder nach Hause. Ich hatte ein gutes Gefühl. Ich hatte das Versprechen, das ich meinem Vater gegeben hatte, gehalten und doch auch meinen Widerwillen gegen die Farce der Wahl bekundet. Und das auf Grundlage des geltenden Rechts. Das Wahlrecht sah schließlich die Möglichkeit der Benutzung der Kabine vor und ebenso die Ablehnung der Kandidatenliste. Dagegen sollte eigentlich niemand etwas einwenden können.

Wenige Wochen nach den Wahlen wurde dann der DDR-kritische Liedermacher Wolf Biermann ausgebürgert. Im Seminar »Wissenschaftlicher Kommunismus« wurde die Ausbürgerung diskutiert, ich kritisierte sie. Drei Tage später wurde ich zum Parteisekretär beordert. Zum zweiten Mal innerhalb eines Monats stand ich vor Professor Kaufmann. Es ging zunächst um meine im Seminar geäußerte Haltung zu Biermann. Er war freundlich, verlas dann einige Notizen aus der Aussprache in der Seminargruppe und schaute mich auffordernd an. Ich bestritt, dass ich das so gesagt hatte, wie es hier wiedergegeben wurde. Da schlug seine Stimmung um, der Ton wurde aggressiv. »Es geht hier in Wirklichkeit nicht um Biermann, sondern um eine Rüge Ihres Gesamtverhaltens. Sie sind eigentlich für ein Studium nicht tragbar. Jemanden mit Ihren Einstellungen, den werden wir nicht zum staatlichen Leiter in der Wirtschaft machen. Sie sind erst am Nachmittag zur Wahl erschienen. Ich musste Sie persönlich abholen. Und dann waren Sie der einzige von 6000 Studenten, der die Wahlkabine benutzt hat und dann auch noch mit Nein gestimmt hat.« Mir hing die Zahl 6000 im Kopf. Konnte es wirklich sein, dass nicht ein einziger weiterer Student von seinem Wahlrecht umfassend Gebrauch gemacht hatte?

Wenn man sich gegen die verlangten Bekenntnisse stellt, selbst wenn die Partei eine andere Option ins Gesetz schreibt, dann werden Konsequenzen deutlich. Darum ging es in diesem Gespräch, das wurde mir schlagartig klar. Meine Exmatrikulation war auf dem Weg. Für unsere Familie war das eine Katastrophe. Noch vor einem Monat war mein Vater auf der Höhe seiner Karriere gewesen. Die Urkunde »Banner der Arbeit« hing im Wohnzimmer an der Wand, mit der Unterschrift des Staatsratsvorsitzenden. Und jetzt das. Der Sohn fliegt von der Uni. Wer weiß, mit welchen Konsequenzen für die Arbeit bei Zeiss und mit welchen Auswirkungen für die ganze Familie.

Anpassen und widersprechen, mitmachen und verweigern, das trat nun als Konflikt zwischen uns offen zutage. Die von mir geforderte Stellungnahme, in der ich den Eiertanz der DDR vollführte, änderte nicht wirklich etwas. Die Abstimmung unter den Kommilitonen besiegelte meinen Rauswurf. Meine Mutter wollte es immer noch nicht wahrhaben und schrieb wenige Tage nach der Abstimmung einen Brief an den Prorektor der Universität. Um mich zu retten, den Rauswurf doch noch zu verhindern, fuhr meine unpolitische Mutter alles auf, von dem sie glaubte, dass es verlangt wurde. Die Frau, die das Wort »Sozialismus« nie in den Mund genommen hatte, beschrieb als Bittstellerin in meinem Namen eine folgsame und funktionierende Familie.

> An den Prorektor der FSU Jena
> Prof. Dr. Fischer
> Jena
>
> Jena, den 8.1.1977
>
> *Sehr geehrter Herr Professor Dr. Fischer!*
>
> Durch meinen Sohn Roland Jahn (2. Studj. Wiwi) erfuhr ich, daß die Sektion Wirtschaftswissenschaft einen Antrag auf Exmatrikulation gestellt hat. Einzelheiten dazu werden Ihnen bekannt sein, die ich nicht zu erläutern brauche. Wir haben uns ausführlich mit unserem Sohn unterhalten und sind der Meinung, daß er bei seinen Diskussionen nicht richtig verstanden wurde. Mein Sohn ist kein Gegner unseres Staates, der DDR. Er setzt sich nur seiner Umwelt gegenüber oft kritisch auseinander, wobei er leicht übers Ziel schießt.
> Als langjährige Angestellte der FSU (Abt. GFÖ Instandhaltung) möchte ich Sie bitten, ihn doch weiter studieren zu lassen.

Ich bin der Ansicht, daß man einen jungen Menschen nicht einfach fallen lassen kann, wenn er offen und ehrlich im Seminar seine Meinung vertritt. Es ist doch Aufgabe der Gesellschaft, wenn er dabei Fehler macht, ihn darauf hinzuweisen. Wir haben unsere Kinder zu ordentlichen Menschen im Sinne des Sozialismus erzogen. Ein Sohn ist Bauingenieur und die Tochter Chemiefacharbeiter. Mein Mann ist im VEB Zeiß i. Forschungszentrum als Systemingenieur tätig. Er wurde schon ausgezeichnet: 6 mal als Aktivist, 5 mal mit der Spange der Sozial. Arbeit, 2 mal als Verdienter Neuerer, 1 mal mit der Wettbewerbsplakette des Bezirksvorstandes Gera und im Oktober 1976 mit Banner der Arbeit 1. Klasse sowie einer Ehrenplakette der SU. Die letzten beiden Auszeichnungen wurden auf Grund des Erfolges von Sojus 22 vom Staatsrat überreicht. Gesellschaftliche Arbeit leistet er schon 27 Jahre als Jugendleiter im Fußballclub Carl Zeiß Jena.
Ich hoffe auf einen günstigen Bescheid.
Lieselotte Jahn

Ob sie jemals eine Antwort auf diesen Brief erhalten hat, weiß ich nicht. Dieser Brief, er rührt mich und erstaunt mich noch heute. Er ist ein Dokument der Anpassung an die Verhältnisse zum Wohle der Familie. Bis kurz vor der Selbstverleugnung war meine Mutter bereit, sich für mich einzusetzen. Genutzt hat es in diesem Falle nichts.

Angst überwinden

Die Folgen außer Acht lassen

Auf dem Weg zur Mensa gab es in Jena eine Verkehrsampel, die offensichtlich eine Fehlschaltung haben musste. Sie sprang einfach nicht um. Wenn die Ampel für die Autos auf Rot schaltete, wechselte sie für die Fußgänger trotzdem nicht auf Grün. Das Männchen stand und stand auf Rot. Man musste dort sehr lange warten, um über die Straße zu gelangen.

Ich habe mir ausgemalt, dass diese Ampel von der Stasi manipuliert worden ist. Als eine Art Test, um festzustellen, wer sich wider besseren Wissens an die Regeln hielt und wer nicht. Zu meiner kleinen Phantasie gehörte auch, mir vorzustellen, dass ein Stasimitarbeiter in einer Wohnung mit Blick auf die Ampel saß und den ganzen Tag aufpasste, wer sich der Unlogik der Ampel beugte und wer nicht. Wer sich also anpasste und wer potenziell renitent war. Oft habe ich mich gefragt, warum alle stehen blieben, wo es doch so offenkundig ein Fehler in der Anlage sein musste. Warum merkte das keiner?

Diese Ampel, sie war für mich auch eine Metapher:

Wann geht jemand bei Rot über die Straße? Wann verliert jemand erst die Geduld und dann die Angst vor den Konsequenzen des Regelbruchs? *Das Ende einer Feigheit*. Das ist die Formel, auf die Jürgen Fuchs diesen Moment gebracht hat, so hat er auch seinen Roman über die sechswöchige Militärzeit an der Uni genannt.

Der Held des Romans hatte sich nach dem Grundwehrdienst eigentlich geschworen, nie wieder zum Militär zu gehen. Doch als er während des Studiums ins Militärlager muss, ist er wieder zur Stelle:

> »Muß man eine Erfahrung zweimal machen? Ja, bis man es weiß. Bis du weißt, warum du mitmachst. Weil ich muß. Weil ich nicht gegen sie ankomme. Weil ich studieren will. Noch mal von vorn! Bis du begreifst, was sie aus dir machen. Was du aus dir machst. Was du aus dir machen läßt. Was du mit anderen machst.«[37]

Während er erneut in den Alltag des Militärs eintaucht, wieder auf dem »Doppelstockbett mit Blick auf die Stahlmatraze« über ihm liegt, wieder Dienst schiebt und Befehlen gehorcht, schreibt der Ich-Erzähler all seine Gedanken auf. Er notiert sie in schwarze Kladden, die er versteckt, immer in dem Wissen darum, dass eine Entdeckung ihm große Schwierigkeiten bereiten würde. Aber es ist seine Strategie, die Angst zu überwinden, sich dem Ende einer Feigheit zu nähern, obwohl er gerade erst wieder einen Kompromiss eingegangen ist. »Angst. Der eigene Weg. Das Ende einer Feigheit.«[38] So fasst er seinen Zustand zusammen.

Werner Schulz, im Jahr 1979 wissenschaftlicher

Mitarbeiter an der Humboldt-Universität, hatte sich selbst nie verziehen, dass er mit seiner Unterschrift 1968 dem Einmarsch der sowjetischen Truppen in Prag zugestimmt hatte. Die »fünf Zentimeter Tinte« lasteten dauerhaft auf seinem Gewissen. Das war der Preis, den er für das Studium und später die Anstellung als wissenschaftlicher Mitarbeiter gezahlt hatte. Doch jetzt, im Dezember 1979, wiederholte sich für ihn Geschichte: Wieder sollten die Intellektuellen – die »Intelligenz« an den Universitäten der DDR – ihre Zustimmung zu einem sowjetischen Militäreinsatz bekunden. Bei einer Versammlung der Sektion Nahrungsgüterwirtschaft und Lebensmitteltechnologie, bei der Schulz beschäftigt war, kamen Studenten, wissenschaftliche Mitarbeiter und Professoren zusammen, insgesamt etwa 80 Personen. Die Tagesordnung sah vor, eine Resolution zu verabschieden, die den Einmarsch der Sowjetunion in Afghanistan unterstützte.

Als der Versammlungsleiter über die Notwendigkeit sprach, die »imperialistischen Kräfte« niederzuschlagen, fühlte sich Werner Schulz wie in einer Zeitmaschine: Plötzlich war er wieder im Jahr 1968. Er war der Erstsemestler, der sich einer Vorgabe der Partei fügen sollte. Reichlich ein Jahrzehnt später stand er vor der gleichen Entscheidung wie damals. Spontan meldete er sich zu Wort. »Das ist doch kein Zurückdrängen imperialistischer Kräfte. Das ist eine militärische Intervention zum Erhalt von Einflusssphären. Das wird das Vietnam der Sowjetunion. Wie können wir das denn sehenden Auges unterstützen?« Die Studenten im Raum raunten. Die Kollegen nickten verstohlen. Die Professoren hingegen reagierten überrascht und empört. Die geplante Resolution wurde nicht verabschiedet. Auf dem Flur klopften die Kollegen Werner Schulz auf die Schulter. »Es wurde Zeit, dass einmal jemand etwas sagt. Danke!«

Wenige Tage später wurde Schulz von seinem Institutsleiter die Entlassung mitgeteilt. Kurz und schnörkellos. Wieder waren die Kollegen verständnisvoll und betroffen, aber keiner legte offiziell Protest ein. Zu diesem Zeitpunkt war Schulz 30 Jahre alt, seine Frau schwanger, seine Dissertation stand kurz vor dem Abschluss. Er sollte die Arbeit nie zu Ende schreiben. »Ich habe in dem Moment einfach nicht über die Konsequenzen nachgedacht. Ich war mit '68 beschäftigt und meiner Unterschrift damals und dass ich hier nun die Gelegenheit hatte, ehrlich meine Meinung zu sagen. Natürlich war das nicht klug, ins offene Messer zu rennen. Aber ich habe es einfach nicht mehr ertragen.« Die Angst zu verlieren, endlich das »Ende einer Feigheit« zu finden, das war für ihn eine Befreiung. Der permanente Druck, sich immer wieder zu fragen, wie weit die eigene Anpassung gehen kann, die Konsequenzen der Verweigerung abzuwägen – dieser Druck war plötzlich weg.

Feigheit, so sagt es das Lexikon, ist eine Haltung, bei der man sein Handeln durch Angst oder Furcht bestimmen lässt. In der Konsequenz handelt man entgegen der eigenen Intention oder auch Moralvorstellung, weil man Angst hat vor dem, was passiert, wenn man das tut, was man eigentlich will. Oder weil man Angst davor hat, welche Folgen das für andere haben könnte. Die Angst vor möglichen Folgen war so tief in der DNA der Gesellschaft der DDR verankert, das man sich dessen oft gar nicht mehr bewusst war.

»Es war eben so.« Dieser Satz geht mir immer wieder durch den Kopf, wenn ich darüber nachdenke, wie Menschen heute ihr Handeln von damals begründen. Denn zur Wahrheit gehört ja auch: Der Alltag in der DDR war gerade nicht durch ein ständiges Angstgefühl geprägt. Die Mehrheit hatte sich an die Verhältnisse gewöhnt. Man hatte sich mit den vielen Zumutungen arrangiert, mit der Mauer, mit dem Allmachtsanspruch der SED in jeder kleinen Ritze des Alltags. Man hatte sich zumeist damit abgefunden, dass die Partei das Sagen hatte, selbst wenn man dies innerlich ablehnte. Man hatte sich eingerichtet und versuchte, das Beste daraus zu machen. Die Gewöhnung an die Situation erleichterte es, Gewissenskonflikte zu vermeiden und in Ruhe sein Leben zu leben. Und sich so eben auch nicht der Angst stellen zu müssen. So war das Gefühl der Angst nicht allgegenwärtig, aber es lauerte im Unbewussten und bestimmte das Denken und Handeln der Menschen.

Als ich im Februar 1977 vom Studium ausgeschlossen wurde, war ich befreit von dem Zwang, jede meiner Entscheidungen dem politischen Wohlverhalten unterordnen zu müssen, um weiterhin an der Universität bleiben zu können. Man hatte mich zur »Bewährung« in die Produktion geschickt. Als Transportarbeiter bei Carl Zeiss Jena war ich nun im Hauptwerk für die Umsetzung von Schwermaschinen in einer Transportkolonne eingesetzt. Jetzt war ich Teil einer Brigade. Wir waren sechs Kollegen, zwischen 30 und 50 Jahre alt. Ich war der jüngste, der »verkrachte Student«, den sie schnell in ihre Gruppe integrierten.

Es war eine harte, klare Arbeit, und Klartext redeten auch die Kollegen. Für die »Bonzen« in der SED gab es wenig Bewunderung. Für die Lobeshymnen auf die sozialistische Wirtschaftsleistung hatten die Kerle von der Transportkolonne nur ein geringschätziges Lächeln übrig. »Aber zu koofen gibt es nüscht.« Der 1. Mai bedeutete diesen harten Arbeitern vor allem eines: ein freier Tag. Mitlaufen bei der Parade, das war nichts für sie. Die Angst von möglichen Nachteilen haben sie gar nicht an sich herangelassen. Die Selbstverständlichkeit, mit der die Vertreter der »Arbeiterklasse« die Parade für erledigt hielten, empfand ich als befreiend.

Mein Rauswurf aus der Uni war gerade einmal zwei Monate her, und meine Gedanken wanderten zurück: Was würden meine Exkommilitonen am 1. Mai tun? Immer noch war ich empört darüber, dass man mir die Chance zu studieren einfach genommen hatte. Ich war auch verletzt, dass meine Mitstudenten dazu beigetragen hatten. Frei, wie ich mich nun fühlte, beschloss ich, meinen Protest gegen den Rauswurf zu artikulieren, und hoffte, meine ehemaligen Mitstudenten damit zum Nachdenken zu bringen.

Der 1. Mai präsentierte sich da als eine Gelegenheit. Noch im Jahr zuvor hatte ich mich in den Block der Studenten, die sich am Universitäts-Hochhaus versammelten, eingereiht. Jetzt war ich befreit von dem Druck, das Studium zu retten, und wollte ein Zeichen setzen. So kam mir die Idee für ein unbeschriebenes Plakat. Wenn ich einfach eine leere Pappe zum Sammelort der Studenten tragen würde, könnte ich zumindest zeigen, dass alle hier bei einer Sache mitmachten, die keine Meinungsfreiheit zuließ. Das leere Plakat sollte zeigen, dass ich meine Meinung nicht sagen durfte. Zugleich war es auch eine Strategie, sich den möglichen Folgen meines Handelns zu entziehen. Wenn nichts auf dem Plakat draufstand, konnte ich auch für nichts zur Verantwortung gezogen werden.

Natürlich hätte ich deutliche Worte auf das Plakat malen können, aber dazu fehlte mir ganz klar der Mut. Das leere Plakat schien mir eine schlaue Idee. Dennoch klopfte mein Herz laut bis zum Hals, als ich meine Wohnung verließ. Meinen Eltern hatte ich von meiner Idee nichts erzählt. Nicht schon wieder Streit und Diskussionen. Nicht mal meine Freunde wussten Bescheid. Ich befürchtete, dass jemand versuchen würde, mich von dieser Idee abzuhalten, gerade jetzt, wo ich das Gefühl hatte, ein kleines bisschen Freiraum zu haben.

Die ersten Schritte waren noch zögerlich. Ich schaute mich um. Gab es irgendwo einen Polizisten? Einen auffälligen Menschen, der nach Stasi aussah? Keine Anzeichen. Ich lief los. Raus aus meiner Wohnung, vorbei am Markt, am Uni-Hochhaus bis zum Sammelort der Marschblöcke. Mit jedem Schritt fühlte ich mich sicherer. Kinder zeigten auf das leere Plakat und staunten. »Mutti, guck mal. Auf dem Plakat steht gar nichts drauf!« Ein paar Passanten schauten aufmunternd. Manche schüttelten den Kopf. Andere lachten und freuten sich mit mir. Ich wurde immer selbstbewusster und hatte zunehmend Spaß an der Aktion.

Ich stellte mich an den Straßenrand und sah, dass meine Exkommilitonen im Block standen und auf ihren Abmarsch warteten. Sie schauten unsicher auf das Plakat. Auch ein paar Professoren bemerkten mich. Niemand sprach mit mir. Unbehelligt stand ich eine

Stunde am Rand der Parade. Weil ich mich nun gut fühlte, lief ich auch noch eine Weile durch die Stadt. Die leere dünne Presspappe, weiß bemalt, an einer Holzlatte aus dem HO-Laden »Heimwerker« festgenagelt – sie wurde in den Augen vieler zu einer Protestaktion. Und passiert ist nichts. Niemand hat eingegriffen. Schritt für Schritt aber hatte ich die Angst überwunden.

Für mich war dieser Vormittag ein Akt der Befreiung. Das Gefühl, nur Gegenstand der Handlung anderer zu sein, mich gegen meinen Willen aus der Uni entfernen zu lassen, diese Ohnmacht war dem Bewusstsein gewichen: Ich hatte ihnen gezeigt, dass ich protestiere. Ich hatte es geschafft, meinen neuen Freiraum für eigenes Handeln zu nutzen.

Angst abwehren. Angst überwinden. Angst verlieren. Das war immer auch abhängig von dem Umfeld, in dem man aufwuchs. Wer umgeben war von Menschen, die sich fürs Mitmachen im System entschieden hatten, hatte weniger Anreize, umzudenken. Wer aber in dem steten Spiel zwischen anpassen und sich selbst treu bleiben unversehens aus der Deckung geriet, der war auf einem neuen Pfad. Ereignisse wie der Überfall auf die Wohngemeinschaft in der Gartenstraße oder der Rauswurf aus der Uni schafften unter uns Jugendlichen ein Gemeinschaftsgefühl.

In Jena waren wir Mitte der 70er-Jahre eine »Szene« von vielleicht 100 jungen Leuten, die alle schon ihre »Grenzerfahrungen« gemacht hatten, die also sehr genau wussten, was der Staat erlaubte und was nicht. In gewisser Weise waren wir ja von diesem Staat an den Rand der Gesellschaft gedrängt worden. Uns zusammenzufinden, gemeinsam Dinge zu tun, das war auch ein Signal gegen die Ausgrenzung. Wir wollten uns unseren Lebensmut und den Spaß nicht nehmen lassen, bloß weil die Partei verlangte, dass wir uns ihren Vorgaben anpassten.

Sich mit kleinen Aktionen den immer gleichen Ritualen zu entziehen, kleine Denkanstöße zu liefern, das hatten Freunde von mir zuvor schon einmal am 1. Mai getan. In Anspielung auf die von der SED vorgegebenen Losungen aus dem *Neuen Deutschland* klebten sie zum Maifeiertag eine kleine Parole auf ein Papier hinter ihrem Wohnungsfenster: »Wie jedes Jahr im Mai sind wir für Losung Nummer zwei.« Meine Freunde waren junge Facharbeiter, die in der Nähe der Zeiss-Werke wohnten, unweit des Treffpunkts für die Zeiss-Werker. Ein Gag am Rande, platziert als Gruß an jene, die zum Aufstellplatz unterwegs waren. Und zugleich eine Erinnerung, dass diese Losungen eigentlich nichts sagten, austauschbar waren und keiner wirklichen Meinungsäußerung entsprachen.

Gegen die Angst suchten wir die Gemeinschaft Gleichgesinnter und die Kraft von Künstlern wie Gerulf Pannach. In Anlehnung an ein Lied des spanischen Politsängers und Diktaturkritikers Raimon (Ramón Pelegero Sanchis) hatte er einen Song geschrieben, der uns ein steter Begleiter war.

»Nun denn, ich nenn die Sache gleich beim Namen:
Brechen wir nicht des Schweigens Wände,
Werden wir im Schweigen enden.
Gegen die Angst seid nicht stille!

Gegen die Angst kommt hervor!
Gegen die Angst, wir sind doch viele
Gegen die Angst, ohne Angst.«[39]

Das machte uns Mut. Wenn wir viele sind, ist die Angst kleiner. Wir wollten gesellig sein, Spaß haben, unser Ding machen und zeigen, dass das alles ohne Staat gut funktionierte. Manchmal zogen wir in einer riesigen Gruppe durch die Stadt hinauf in die Jenaer Berge. Wir redeten und alberten, sprachen über Musik und die Arbeit, über Lebensträume und die Paare, die sich gefunden hatten. Es war ein irres Gefühl, mit so vielen unterwegs zu sein. Es war unsere eigene Welt, die uns Kraft für den Alltag gab.

Matthias Domaschk, Matz, wie wir ihn nannten, wurde in dieser Zeit ein guter Freund. Er war vier Jahre jünger als ich. Aber es gab viele Ähnlichkeiten zwischen uns. Unsere beiden Väter waren kriegsversehrt, auch der Vater von Matz hatte im Zweiten Weltkrieg ein Bein verloren. Beide Väter waren nicht in der Partei, und beide arbeiteten bei Carl Zeiss Jena, beide in gehobenen Stellungen. Beide Väter machten uns Druck. Matz war das Abitur verwehrt worden, ich war von der Uni geflogen, wegen unseres Protests gegen die Ausbürgerung des Liedermachers Biermann. Wir kannten die Sprüche unserer Väter zur Genüge: »Pass auf, was du sagst/Mach keinen Ärger!/Das fällt auf mich zurück, und dann gibt's Schwierigkeiten im Betrieb./Am Ende leidet unsere ganze Familie./Konzentriere dich auf deine Ausbildung!/Halte dich zurück!/Halte dich raus!«

Wir waren auf einer Wellenlänge. Matz und ich, wir wollten der staatlichen Gängelung etwas entgegensetzen. Zugleich hatten wir aber Rücksicht zu nehmen auf unsere Väter, die uns so ganz andere Ratschläge gaben, weil ihr Leben ihnen andere Lektionen erteilt hatte. Über diesen Konflikt haben wir uns immer wieder ausgetauscht. Wir wollten uns nicht gefangen nehmen lassen von den Ängsten und Zwängen unserer Väter, von ihrem Streben nach Sicherheit. Manchmal liefen wir nachts durch die Straßen von Jena und sangen laut die Liedzeile »Wir sind geboren, um frei zu sein«. Das hat uns gestärkt. Die Angst verliert sich leichter, wenn man nicht allein ist.

Und doch. Als Matz zum Grundwehrdienst einberufen wurde, ging er hin. Er brachte es nicht übers Herz, seine Eltern noch mal zu enttäuschen. Das verwehrte Abitur, es belastete die Familie. Eigentlich wollte Matz auch noch studieren. Und wenn er beruflich nicht ganz verloren sein wolle, so müsse er seinen Dienst regulär ableisten, das sei seine einzige Chance, predigten ihm die Eltern. Sein Vater, der Ingenieur, war zudem Auslandsreise-Kader. Dieses Privileg hätte der Sohn mit einem Dienst als Bausoldat, das heißt ohne Waffe, oder gar mit einer Totalverweigerung gefährdet. Und so wurde auch Matz Soldat, obwohl er das Militär ablehnte. Ich habe ihn sehr gut verstanden.

Immer noch erschien es uns beiden richtig, sich wieder einzurichten in der DDR, sich alle Optionen offenzuhalten. Es war eben unsere Heimat. Aber das empfand nicht jeder unter den Freunden so. Die Proteste gegen die Ausbürgerung Biermanns, sie hatten zu Inhaftierungen und Haft geführt. Die Liedermacher Pannach und Kunert aus Leipzig und neun Freunde aus Jena, darunter der Autor Jürgen Fuchs und der Jugenddiakon Thomas Auerbach, saßen in Stasi-U-Haft und wurden später fast alle aus der Haft abgeschoben. »Es hat doch alles sowieso keinen Zweck in diesem Staat.« Das dachten nicht wenige von uns. Der Frust wuchs.

Seit Mitte der 70er-Jahre kam eine neue Option ins Spiel, die es einfacher machte, die Angst zu verlieren. Mit der Unterzeichnung der KSZE-Schlussakte in Helsinki hatte sich die DDR im August 1975 international auf die Einhaltung der Menschenrechte verpflichtet. Das Land zu verlassen, auszureisen, das war jetzt theoretisch möglich. Plötzlich gab es eine Chance, anderswo eine Zukunft zu gestalten, ohne die Risiken einer Flucht über die Grenze.

Mein Freund Nobi, mit dem ich im Sommer 1975 bis nach Bulgarien getrampt war und den es bis ins Mark getroffen hatte, dass er nicht den Rest der Welt bereisen konnte, ging eines Tages einfach aufs Amt und beantragte die Ausreise – unter Berufung auf Helsinki. Sein Antrag wurde mehrfach abgelehnt, er wurde immer wieder von sturen Funktionären abgebügelt. Was die DDR international mache, das könne er gar nicht beurteilen und schon gar nicht auf sein Leben anwenden, wurde ihm gesagt. Doch die Aussicht, das Land verlassen zu können, machte ihn radikaler. Sein Leben fand in Gedanken schon anderswo statt. Er hörte auf, als Werkzeugmacher zu arbeiten, und jobbte beim Theater. Beständig setzte er den Behörden zu, um rauszukommen. Ohne Erfolg. Irgendwann war sein Frust so groß, dass er die Angst vor den möglichen Konsequenzen einer Flucht überwand. In einem Kofferraum versteckt, ließ er sich in den Westen ausschleusen.

Bleiben oder gehen? Das wurde fortan eine Kernfrage in unserer Szene. Bleiben und sich wehren, aufgeben und gehen. Das waren die Linien, entlang derer wir diskutierten. Wer ausreisen wollte, wer einen Antrag stellte, der war selbst in den größeren Lebensentscheidungen konsequenter. Nobis WG-Freund Detlef Pump war ebenfalls entschlossen zur Ausreise. Als sein Einberufungsbefehl kam, fühlte er sich zu keinen Rücksichten mehr verpflichtet und verweigerte den Wehrdienst total. Auch eine Haftstrafe schreckte ihn nicht ab. Er hatte die Angst verloren. 19 Monate saß er dafür im Gefängnis, das Ziel Ausreise fest vor Augen.

Ausreisen, also nicht mehr zurückdürfen, das wollten wir »Dableiber« vermeiden. Oft waren es Verbindungen zu Freunden und zur Heimat, die wir nicht kappen wollten, und zur Familie, auf die wir Rücksicht nehmen wollten. Und so bestimmte das Wechselspiel zwischen Anpassen und Widersprechen immer noch unseren Alltag. Wir »Dableiber« wollten daran festhalten, dass man trotz Staat, Partei und Gängelung in der DDR etwas bewegen konnte.

Im Herbst 1978 wurde meine Freundin Petra, mit der ich seit dem Frühjahr zusammen war, schwanger. Wir teilten uns meine winzige Wohnung, die nur mit einem Abflussrohr und einem Kohleofen ausgestattet war. Das Wasser musste vom Hahn im Treppenhaus geholt werden, das Plumpsklo lag daneben. Ein Dutzend Mal hatte Petra schon beim Wohnungsamt vorgesprochen und nach einer passenden Wohnung für ein Neugeborenes und die Mutter angefragt. Erfolglos. Einen privaten Wohnungsmarkt gab es nicht. Aber der Staat war nicht in der Lage, ausreichend Wohnraum bereitzustellen. Wenige Monate vor der Entbindung war Petra so verzweifelt, dass sie einen Brief an den Stadtrat für Wohnungswesen schrieb und ihn aufs Amt trug. Ein Gang, der eine Mutprobe war.

Denn dieser Brief war keine Bittstellerei nach den Ritualen der Eingabe – eine Verneigung vor der Partei und den Fortschritten des Sozialismus, bevor man höflich zu umschreiben wagte, was man eventuell noch als Verbesserung vorschlagen könnte. Petra beschrieb ihre Situation im Detail und verlangte die sofortige Zuweisung einer Wohnung, ansonsten wolle sie den bevorstehenden »Kampftag der Werktätigen«, den 1. Mai, dazu nutzen, um auf ihre Situation aufmerksam zu machen.

Den Staat mit so einer Aktion zu bedrängen, dazu gehörte tatsächlich Mut. Aber das Gefühl, als Mutter für das Kind das Beste zu tun, es sich selber zu beweisen, dass man die Kraft dazu hatte, das war die Brücke zur Überwindung der Angst. Hochschwanger zu sein gab ihr die Motivation zum Handeln, aber auch die Hoffnung, dass der Staat nicht so hart reagieren würde. Und siehe da, sie bekam tatsächlich eine kleine Wohnung zugeteilt, wieder mit Außentoilette, aber immerhin mit fließendem Wasser in der Wohnung.

Matz, der gerade vom Grundwehrdienst zurückgekommen war, und ich renovierten die Bude, und wieder stellte sich das Gefühl ein, dass es eben doch auch kleine Spielräume gab, wenn man sich von der Angst nicht gefangen nehmen ließ, dass man als »Dableiber« eben doch auch etwas in Bewegung setzen konnte.

Widersprechen

Der Preis des Handelns

An einem Augustabend 1980 saß ich mit Petra und unserer kleinen Tochter Lina am Abendbrottisch. Um die Kleine nicht zu stören, hatte ich den Kopfhörer ans Radio geklemmt und ihn mir schräg auf den Kopf gesetzt. Ein Ohr war frei, mit dem anderen war ich eingetaucht in die Berichte des RIAS, die ich auf keinen Fall verpassen wollte. In Polen war etwas Ungeheures im Gang: Ein ganzes Volk hatte begonnen zu widersprechen. Lech Walesa, ein Elektriker der Danziger Lenin-Werft, hatte die Arbeiter zum Streik aufgerufen, und schon bald sollte das in eine neue, unabhängige Gewerkschaft münden. »Solidarność«. Es war ein aufregender Moment.

Die Menschen in Polen, Hunderttausende und bald auch Millionen, standen einfach auf und sagten: »Es ist genug. Das Land gehört uns und nicht der Partei.« Sich die Freiheit nehmen – nicht mehr nur als Einzelner, nicht mehr nur als Bittsteller beim Stadtrat für Wohnungswesen oder als Student vor dem Seminarleiter, sondern als ganzes Volk. Dass das möglich war, dass ein ganzes Volk die Angst verlor, das war unglaublich inspirierend. Für uns, die wir uns bewusst für das »Dableiben« entschieden hatten, war die polnische Gewerkschaftsbewegung die Erfüllung einer geheimen Hoffnung.

Meine Freunde Peter Rösch und Matthias Domaschk waren im Sommer zufällig in Polen im Urlaub gewesen. Die beiden hatten vom Streik gehört, waren neugierig nach Danzig gefahren und hatten sich einige Tage unter die Streikenden gemischt. Völlig euphorisch kehrten sie zurück. Von nun an sprachen wir wochenlang von nichts anderem. In einem Schreibwarenladen in Jena kaufte ich Dutzende von polnischen Papierfähnchen, die ich nicht nur an mein Fahrrad, sondern auch an meinen Spind und an den Gabelstapler im Betrieb steckte. Die Freundschaft mit dem polnischen Volk, mit dem »sozialistischen Bruderland« Polen, war ja eine offizielle und von der Partei gern wiederholte Parole. Aber jetzt, mit dieser unverhofften Entwicklung, wurde das Fähnchen ein Symbol für die Möglichkeit auf Veränderung. Die ganze Hoffnung, die ich an diese Möglichkeit knüpfte, wollte ich sichtbar in meinem Alltag in der DDR dokumentieren.

Im Werk bei Carl Zeiss Jena war von Begeisterung allerdings wenig zu spüren. Die Kollegen schauten mit einem eher mitleidigen Lächeln auf meine Fähnchen. In den staatlichen Medien war von der Entwicklung in Polen kaum etwas und wenn, dann natürlich nichts Positives zu lesen oder zu hören. Zum 31. Oktober 1980, sechs Wochen nach der Gründung der Gewerkschaft, kündigte die DDR-Regierung einseitig den visafreien Reiseverkehr nach Polen und riegelte die Grenze zum Nachbarland ab. Der »polnische Bazillus« sollte die DDR nicht infizieren. Die Warnung war deutlich. »Wenn das mal gut geht«, sagte mein Vater, wog seinen Kopf bedenklich hin und her und ließ sich zu keiner weiteren Äußerung hinreißen. Ich war enttäuscht. War das alles, was er dazu zu sagen hatte?

Roland Brauckmann lebte 1980 in Hoyerswerda. Der 21-jährige Schriftsetzer engagierte sich in der erstarkenden Friedensbewegung der Kirchen und ihrer offenen Jugendarbeit. 1981 war er Gründungsmitglied der evangelischen Initiative für einen »Sozialen Friedensdienst«. Durch diese Aktivitäten geriet er bald ins Visier der Stasi. Doch es war seine Begeisterung für die Solidarność, die ihn schließlich ins Gefängnis brachte. Im Haftbefehl wurde ihm vorgeworfen, dass er im August 1981 mehrere Schriften und ein Plakat der Gewerkschaft aus Polen »illegal« eingeführt habe. Diese Materialien hätten die »konterrevolutionären Bestrebungen« der Gewerkschaft offenkundig gemacht. Weil Brauckmann die Papiere mit dem roten Schriftzug der Solidarność in seiner Nebenwohnung in Zwickau aufgehängt hatte und sie dort von mehreren Besuchern gesehen worden waren, beschuldigte man ihn, gegen die »staatliche Ordnung« verstoßen zu haben. Strafverschärfend kam hinzu, dass er die Schriften und das Poster auch dann nicht abhängte, als sich die Situation mit der Verhängung des Kriegsrechts im Dezember desselben Jahres noch deutlich verschärfte. Die Solidarność galt nun als eine »konterrevolutionäre Gruppierung«[40]. Roland Brauckmann wurde zu 20 Monaten Haft verurteilt. Seine Unterstützung für die Solidarność hatte der

Stasi endlich den willkommenen Anlass geboten, nach dem sie so lange gesucht hatte.

Dass die Unterstützung der Gewerkschaft Solidarność Menschen in Hoyerswerda, Neustrelitz oder anderswo in der DDR in Haft brachte, haben die Menschen im Land so gut wie nicht erfahren. Die vielen Menschen, die aus politischen Gründen verurteilt und inhaftiert wurden, saßen vom Rest der Gesellschaft weitgehend unbemerkt im Gefängnis. Hätte man von ihnen wissen können? Hätte man von ihnen wissen wollen? Es war schwer, an Informationen zu kommen, die nicht offiziell erwünscht waren. Es gehörte zu den ungeschriebenen Regeln, nicht danach zu fragen. Und wenn man sein eigenes Leben störungsfrei gestalten wollte, hatte man sich an diese Regeln zu halten. Ansonsten war Ärger vorprogrammiert.

Trotzdem gab es immer wieder Menschen, die widersprachen und dafür auch drastische Konsequenzen in Kauf nahmen. Und es gab diejenigen, die die Gängelei nicht mehr aushielten und »ausreisten« oder versuchten, über die Grenze zu flüchten. Die Flüchtenden, die Mauertoten und all jene, die in den Gefängnissen verschwanden, weil sie sich nicht an die politischen Vorgaben halten wollten, sie bildeten den großen blinden Fleck im kollektiven Gedächtnis der DDR. Man fragte lieber nicht nach ihnen. Man sprach lieber nicht über sie. Es hätte Unruhe in das eigene, geregelte Leben bringen können – wenn es einen am Ende nicht sogar selbst mit der Staatsmacht in Konflikt gebracht hätte.

Jörg Drieselmann war schon als Teenager nicht mehr gewillt, sich an die Vorgaben zu halten. »Ich habe als junger Bursche beobachtet, wie Volkspolizisten mitten auf dem Erfurter Bahnhofsvorplatz langhaarigen Männern die Köpfe kahl rasierten. Furchtbare Szenen. Das Reiseverbot, der FDJ-Zwang, nicht alle Bücher lesen zu dürfen – all das ertrug ich einfach nicht.«[41] Drieselmanns Freiheitsdrang ließ sich nicht zähmen, auch nicht durch die Eltern, die beide SED-Mitglieder waren. Er war 14, als er im März 1970 die Begeisterung spürte, die einige Hundert Thüringer Willy Brandt bei seinem Besuch in Erfurt entgegenbrachten. Der »Klassenfeind« stand plötzlich in Sichtweite am Fenster. Und er war für die dort versammelten Menschen ein Held. Die stürmischen »Willy«-Rufe der Menge beglaubigten das. »Da ist etwas gerissen in mir. Das war wie ein schreckhaftes Erwachen.« Die Fragen an einen Staat, der seine Bürger gängelte, sie wurden drängend. »Was ist das für ein Land, in dem ich lebe, das mir die Länge meiner Haare vorschreibt, die Form meiner Hosen, die Art der Musik?«[42] Er begann, lange Haare zu tragen und Jeans und sich unangepasster zu verhalten. Das provozierte die Staatsmacht.

Mit 18 Jahren landete Jörg Drieselmann in der Stasi-U-Haft. Am 13. August 1974 wurde er festgenommen. An jenem Tag hatte er ein zusammengerolltes Blatt Papier dabei, das er mit wenigen Zeilen bemalt hatte. Es waren die Zahlen der Mauertoten seit 1961, schwarz umrahmt wie eine Todesanzeige. Drieselmann hatte am Vorabend eine Dokumentation im ZDF gesehen, die an die 164 Männer und Frauen erinnerte, die seit 1961 an der innerdeutschen Grenze und der Mauer zu Tode kamen. Die Zahlen hatten ihn stark berührt und klangen für ihn besonders schrecklich, weil er erst kurz zuvor in seiner Familie einen Todesfall erlebt hatte. »All die vielen Familien, die dort um ihre Verwandten trauerten, die so unnötig an der Mauer starben. Das hatte für mich plötzlich eine ganz konkrete Bedeutung.« So entstand die Idee für das Plakat. Er wollte die Zahl im Betrieb an das Schwarze Brett hängen. Keiner sollte so tun, als sei das alles nicht geschehen.

Aber einer seiner Arbeitskollegen meldete das Plakat, noch bevor er es aufhängen konnte, und die Stasi nahm Drieselmann fest. Der Kollege war kein inoffizieller Mitarbeiter der Staatssicherheit, arbeitete dieser aber in die Hände. Denn wie so oft war auch dieses Plakat letztlich nur der Anlass in einer länger angelegten Aktion. Als »Rädelsführer einer staatsfeindlichen Gruppierung« wurde Drieselmann nach langen Monaten in der Stasi-U-Haft im Frühjahr 1975 zu vier Jahren und drei Monaten verurteilt. Zwei Jahre saß er insgesamt im Gefängnis, bis er in den Westen freigekauft wurde. Jörg Drieselmann war einer von über 33 000 freigekauften politischen Häftlingen in der DDR.

Im Juni 1979 wurde das Strafgesetzbuch der DDR überarbeitet, wobei viele der politischen Strafparagrafen weiter verschärft wurden. Widerspruch anzumelden, ihn so anzumelden, dass er nicht mit den Gummiparagrafen eingefangen werden konnte, wurde immer schwieriger. Jede kritische Äußerung konnte nach § 220 als »öffentliche Herabwürdigung« gewertet werden, mit einer Freiheitsstrafe von bis zu drei Jahren. Jedes Telefonat mit Verwandten oder Freunden im Westen konnte nach § 219 als »ungesetzliche Verbindungsaufnahme« mit bis zu fünf Jahren Freiheitsstrafe geahndet werden. Ich habe mir damals das neue Strafgesetzbuch gekauft, wie immer auf der Suche nach den Lücken, die uns Spielraum ermöglichen könnten. Immer noch war ich der Überzeugung, dass sich der Staat zumindest an seine eigenen Gesetze halten musste. Aber die neuen Strafrechtsnormen waren ernüchternd. Ihr Drohpotenzial war enorm, weil sie immer stärker normale Verhaltensweisen kriminalisierten. Unser Spielraum war jetzt noch kleiner geworden. Protestiert haben wir nicht, nicht mal mit einer Eingabe an den Staatsratsvorsitzenden – und öffentlich schon gar nicht. Aber logisch ist auch, dass so eine Eingabe eine exzellente Möglichkeit gewesen wäre, die Anwendung dieser neuen Gesetze zu testen.

Mittlerweile war ich schon über zwei Jahre weg von der Uni. Immer noch war es ein Ziel, das Studium zu beenden. Eigentlich hatte ich mich ganz gut eingerichtet, als Arbeiter bei Zeiss, und ich genoss die relative Freiheit, die der Job mir bot. Aber sonntags am Mittagstisch bei meinen Eltern, wenn ich sie mit meiner Freundin und unserer kleinen Tochter besuchte, begann immer die gleiche Leier. »Jetzt, wo ihr eine Familie seid, musst du dich um deine berufliche Zukunft kümmern. Du musst doch mal vorwärtskommen«, sagte meine Mutter. Und mein Vater konnte es sich nicht verkneifen, mich zu fragen, ob ich auf ewig ein »Hilfsarbeiter mit Abitur« sein wolle. Es begann eine erneute Runde in dem Bemühen, mein Studium wieder aufzunehmen. Auch ich hatte das Gefühl, dass ich beruflich noch andere Herausforderungen brauchte und dass die Uni dazu ein Türöffner sein konnte. Mein Vater bot mir an, im Betrieb für eine Beurteilung ein gutes Wort einzulegen.

In schriftlicher Form bestätigte mir der Betriebsleiter, dass ich inzwischen »sowohl fachlich als auch gesellschaftlich progressiv in Erscheinung«[43] getreten sei. Damit konnte ich mich sehen lassen. Mit dieser Beurteilung wandte ich mich an die Uni-Leitung und bewarb mich um eine Wiederzulassung. Professor Schützenmeister ließ mich daraufhin zum persönlichen Gespräch bitten. Wie ich denn heute zu den Ereignissen stünde, die zu meiner Exmatrikulation geführt hätten? Ich versicherte, dass ich nach wie vor nicht der Meinung sei, dass mein Rauswurf gerechtfertigt war. »Für eine Wiederzulassung zum Studium ist es allerdings unverzichtbar, dass Sie einsichtig sind. Dass Sie sich von Ihrem Fehlverhalten distanzieren«, sagte er. Das allerdings kam für mich nicht infrage. Ich wollte meine Chance auf eine berufliche Zukunft, aber abschwören wollte ich nicht. Mein Rauswurf war nicht rechtens, dahinter konnte ich nicht zurück. Und so schrieb ich dem Prorektor:

»Das gegen mich durchgeführte Disziplinarverfahren hatte keine rechtliche Grundlage. Es ist sehr bedauerlich, daß Sie die Verfassung der DDR nicht kennen. Aus diesem Grunde möchte ich Ihnen ein Exemplar der Verfassung der DDR zuschicken und Sie auf die Artikel 25 und 27 hinweisen ›Recht auf Bildung‹, ›Recht auf Meinungsfreiheit‹.«[44]

Diese Art von Auseinandersetzung hätte ich noch lange weiterführen können, wenn sich nicht etwas ereignet hätte, das nicht nur mein Leben, sondern auch das aller unserer Freunde in Jena veränderte.

Am 10. April 1981, einem Freitagnachmittag, waren meine Freunde Peter und Matz mit dem Zug unterwegs nach Berlin. Sie wollten dort zu einer Geburtstagsfeier an den Prenzlauer Berg. In Berlin fand an diesem Wochenende der X. Parteitag der SED statt, und alle »Sicherheitsorgane« hatten die Order, jeden Anschein von Störung zu verhindern. Meine beiden Freunde wurden aus dem Zug geholt und nach Gera in die Stasi-U-Haft verfrachtet. Sie wurden stundenlangen Verhören unterzogen, schliefen kaum. Immer wieder wurden sie aufgefordert, über ihre Freunde zu erzählen, über ihre Ansichten zur DDR, ihre Kontakte in die Bundesrepublik.

Am Ende dieser Tortur, am Sonntagmittag, den 12. April 1981, wurde Matz tot in seiner Zelle aufgefunden. Die Stasi sagte, er habe sich erhängt. Bis heute sind die Umstände nicht hundertprozentig geklärt. Tatsache ist, er kam als lebendiger junger Mann von 23 Jahren in die Stasi-Haft und verließ sie als toter.

Das war für uns alle ein Schock. Die Auseinandersetzung mit diesem Staat, sie war für einen von uns nun tödlich geworden. Der Tod von Matthias Domaschk war für mich Einschüchterung und Ansporn zugleich. Meine Reaktion hieß: keine faulen Kompromisse mehr. Jetzt wollte ich gegen die Angst kämpfen. Erleichtert hat diese Entscheidung sicherlich, dass mein Vater ein halbes Jahr zuvor frühpensioniert worden war. Ich musste nun nicht mehr auf seine Stellung beim VEB Carl Zeiss Jena Rücksicht nehmen.

Bei der Lokalzeitung *Volkswacht* gab ich die Todesanzeige für Matz auf. »Wir werden nicht vergessen!«, stand in großer Schrift darüber. Die Anzeige wurde nicht gedruckt. Mit Freunden aus dem Westen, trafen wir uns an der Transitstrecke nach West-Berlin. Wir erzählten ihnen von Matz' Tod. Die Nachricht verbreitete sich. Thomas Auerbach und Jürgen Fuchs in West-Berlin informierten Medien, und der RIAS berichtete. Der Tod unseres Freundes Matz in der Stasi-U-Haft, er war nun nicht mehr aus der Welt zu schaffen.

Ein Jahr später, zum ersten Todestag, wollten wir etwas tun. Petra, Manfred, der ein Schulfreund von Matz gewesen war, und ich. Flugblätter drucken war zu gefährlich. Und so hatte ich die Idee, einen regulären Weg zu nutzen. Es noch einmal mit einer Todesanzeige, gedruckt in der Jenaer SED-Parteizeitung *Volkswacht*, zu probieren. Wenn ich dann Dutzende Exemplare aufkaufen würde, hätte ich genug kleine Zettel, die ich in der Stadt an Lichtmasten und Eingangstüren kleben konnte. Matz' Tod sollte ins Auge fallen, und die Leute sollten sich fragen, wer das ist. So würde er deutlicher auffallen als unter einer Reihe von Todesanzeigen in der Zeitung. Ich ging zur Anzeigenannahme der *Volkswacht* und gab den folgenden Text in Auftrag: »Wir gedenken unseres Freundes Matthias Domaschk, der im 24. Jahr aus dem Leben gerissen wurde. Manfred, Petra und Roland«. Die Anzeige wurde angenommen und gedruckt, ein paar Tage vor dem eigentlichen Jahrestag. Damit war der Plan umsetzbar.

Ich kaufte so viele Exemplare an den Zeitungskiosken der Stadt, wie ich nur ergattern konnte. Eine Freundin, die Postbotin war, zweigte fünf Dutzend Exemplare aus ihrem üblichen Verteilersortiment ab. »Irgendeine Ausrede wird mir schon einfallen, wenn es Beschwerden gibt«, sagte sie. Ich war ihr dankbar, dass sie Ärger riskierte. Petra und ich schnitten die Anzeigen aus, ungefähr 80 Zettel lagen vor uns auf einem Stapel, dazu ein Eimer Leim und ein Pinsel.

In den frühen Morgenstunden des 12. April mischte ich mich unter die Menschen, die zur Frühschicht gingen. Ich wusste, dass diese Aktion nicht ohne Gefahren war. Petra und unsere fast dreijährige Tochter lagen noch im Bett. Würde ich sie heute wiedersehen? Wir hatten am Abend vorher ausführlich diskutiert. Was machten wir hier? War es das wert, eine Festnahme, vielleicht Gefängnis? Der Druck und die Schikanen, die das auslösten? Doch Petra war entschlossen, alles auszuhalten. »Das sind wir Matz schuldig. Es geht doch nicht, dass die damit durchkommen, das Geschehene, Matz' Tod, zu verschweigen. Wir schaffen das schon.« Sie bestärkte mich in meinem Vorsatz, die Angst zu überwinden. Ich verließ das Haus mit meiner Arbeitstasche in der Hand, und es gelang mir, unbemerkt von Polizei und Stasi, alle 80 Zettel anzukleben.

Am Tag nach der Aktion wurde ich von der Arbeit abgeholt und zur Volkspolizei gebracht. Da ich die Anzeige aufgegeben hatte, war ich logischerweise auch verdächtig, die Anzeigen in der Stadt geklebt zu haben. Sie bombardierten mich mit Fragen. Ich beantwortete keine einzige. »Alles, was du sagst, können sie gegen dich verwenden.« Das hatte Jürgen Fuchs in seinem Buch *Vernehmungsprotokolle* geschrieben. Für viele, und nun auch für mich, war dieser Rat der Rettungsring. Nach einer langen Nacht ohne Schlaf in Polizeigewahrsam kam ich am nächsten Morgen wieder frei. Ich war erleichtert und doch auch beunruhigt. Wir hatten unseren Widerspruch angemeldet. Aber es war zu spüren, dass die Staatsmacht das nicht hinnehmen wollte.

Die Diskussion um die Kernfrage »Bleiben oder gehen?« intensivierte sich. Lohnte es sich wirklich, so viel aufs Spiel zu setzen, um ein Stückchen Freiheit zu erringen? Peter Rösch hatte die Auseinandersetzung mit der Staatsmacht satt. Er hatte einen Ausreiseantrag gestellt. Im Mai 1982 verließ er die DDR in Richtung West-Berlin. Siegfried Reiprich hatte im Jahr zuvor das Land verlassen, es war seine Reaktion auf den Tod von Matz. Und nicht nur seine. Etliche andere waren mit ihm gegangen.

Als ich im September 1982 selbst in Stasi-U-Haft genommen wurde, war Petra außer sich. Sie wollte etwas tun, sie wollte sich nicht unterkriegen lassen. So wie sie nach Matz' Tod die Wirkung der Nachricht darüber im Westen erlebt hatte, so wollte sie auch meine Festnahme publik machen, um die Folgen einzudämmen. Kontaktaufnahme mit einem westlichen Korrespondenten war ein Straftatbestand. Doch sie ließ sich nicht beirren. Sie traf sich mit einem Journalisten des *Stern*. Über Lutz Rathenow in Ost-Berlin wurde Jürgen Fuchs in West-Berlin informiert. Und bald gab es Nachrichten über meine Inhaftierung in der Stasi-U-Haft in den Westmedien. Petra gab das Kraft, denn direkter Kontakt zu mir war ihr nicht erlaubt. Nur meine Mutter ließ man vor.

Als sie Petra nach einem Besuch bei mir im Knast traf, musste meine Freundin sich heftige Vorwürfe anhören. »Wie könnt ihr nur so leichtsinnig sein. Dass du überall rumfährst und über Roland erzählst und das dann im West-Radio vorkommt. Das ist doch viel zu gefährlich. Was, wenn sie dich auch einsperren?«, sagte sie. Auch meine Schwester konnte ihre Entrüstung nicht verbergen. »Wie könnt ihr nur so rücksichtslos sein und nur eure politischen Ideen verfolgen. Ihr müsst doch an euer Kind denken!« »Genau deshalb tun wir das doch«, entgegnete ihr Petra. »Ich will nicht, dass mein Kind so leben muss, wie dieser Staat es uns aufzwingt. Dafür müssen wir doch etwas tun.« Mussten wir das wirklich?

Die Kosten für den Widerspruch – sie waren beträchtlich. Für einen selbst und für die Menschen, die einem viel bedeuteten. Aus dem Dilemma kam niemand sauber raus. Das Engagement für Meinungsfreiheit und Selbstbestimmung war bedroht mit kleinen Nachteilen bis hin zu Karriereverlust und schließlich Gefängnis. Die Folgen für die Lebenspartner, Eltern, Geschwister und Kinder, sie waren unweigerlich. Wie sollte man sich da entscheiden? Und wer kann verlangen, dass man sich in die eine oder andere Richtung entscheiden muss? Widersprechen oder anpassen?

Die Befürchtung meiner Mutter trat ein. Im Januar 1983 wurde auch Petra festgenommen, unter dem Vorwand der »ungesetzlichen Verbindungsaufnahme«. Mit ihrem Einsatz hatte Petra die Berichterstattung in den West-Medien angestoßen, die bald ein breites Echo hervorrufen sollte. Die DDR-Führung reagierte auf die internationalen Proteste aufgrund der Berichterstattung. Ende Februar wurden wir alle, mittlerweile 14 Männer und Frauen aus Jena, nach U-Haft und zwei Verurteilungen freigelassen.

Bleiben oder gehen? Immer stärker wurde diese Frage zu einer Qual. Je mehr der Staat sein wahres Gesicht zeigte, desto weniger Gründe gab es, zu bleiben. Aber alle Verbindungen zu kappen, zu Eltern, Freunden, der Heimat, einfach alles hinter sich zu lassen, ohne Aussicht auf baldige Rückkehr, das war ein Riesenschritt. Der Stasi war das bewusst. Im Zuge ihrer Strategie zur »Zerschlagung« der Jenaer Oppositionsszene nutzte sie im Mai 1983 die angespannte Situation in unserem Freundeskreis und eröffnete die Möglichkeit zum Verlassen des Landes. Kühl kalkulierend verlangte sie eine Ausreise oft von einem auf den anderen Tag. So bedrängt verließen viele in großer emotionaler Not die Heimat, auch Petra mit unserer gemeinsamen Tochter Lina. Unter Androhung einer langen Haftstrafe oder der Option, gemeinsam mit dem Kind die DDR zu verlassen, hatte Petra im Gefängnis einen Ausreiseantrag gestellt. Dass sie unter diesen Umständen ihre Heimat und vor allem ihre Mutter zurückließ, brach ihr fast das Herz.

In der Haft hatte auch ich, nach der Verurteilung zu 22 Monaten Gefängnis, beraten durch meinen Rechtsanwalt, einen Antrag auf Entlassung aus der Staatsbürgerschaft unterschrieben. Der Anwalt Wolfgang Schnur wurde nach dem Fall der Mauer als inoffizieller Mitarbeiter der Stasi enttarnt. Doch dann wurde ich wenige Wochen nach Antritt der Strafe überraschend in die DDR entlassen. Ich erlebte das als einen Triumph.

Sofort nach meiner Entlassung erklärte ich den Antrag, den ich im Gefängnis geschrieben hatte, beim Rat der Stadt/Abteilung Inneres für null und nichtig. Ich wollte in meiner Heimat bleiben und selbst entscheiden, wo ich lebe. Aber das ließ die Stasi nicht zu. In einer groß angelegten Aktion nahm sie mich fest, brachte mich zum Grenzbahnhof Probstzella und warf mich mitten in der Nacht in den Zug nach Bayern und verschloss die Tür. Am 8. Juni 1983 kam ich in der Bundesrepublik an. »Erstmals junger Deutscher mit Gewalt aus der Heimat gebracht«, titelte die West-Berliner Tageszeitung *B. Z.* am nächsten Tag.

Die Folgen meines Widersprechens trafen mich hart. Und nach meinem Rauswurf trat das ein, wovor ich mich immer gefürchtet hatte und was ich immer hatte verhindern wollen. Andere mussten für mein Verhalten bezahlen. Mein Vater, der als Jugendlicher von einer Fußballerkarriere geträumt hatte, hatte sich wegen seiner Kriegsverletzung seinen Jugendtraum nur indirekt erfüllt. Er hatte beim FC Carl Zeiss Jena die Jugendabteilung aufgebaut und vielen jungen Talenten zum Durchbruch auf dem grünen Rasen verholfen. Der Verein, das war sein Lebenswerk, mehr noch als die Leistungen, auf die er im Betrieb stolz war. Am 9. Juni 1983, gerade mal einen Tag nach meinem Rauswurf, wurde mein Vater Walter Jahn aus dem Verein ausgeschlossen, für den er sich jahrzehntelang ehrenamtlich engagiert hatte. Seine Ehrenmitgliedschaft, die man ihm für seine Verdienste um den Verein verliehen hatte, wurde ihm aberkannt, sein Stammplatz auf der Ehrentribüne im Stadion war ihm versperrt. Alle Vereinsunterlagen musste er zurückgeben. Meine Eltern, sie wurden ausgegrenzt.

Meine Mutter erzählte mir später am Telefon von Jena nach West-Berlin von den vielen kleinen Alltagsveränderungen. Von Nachbarn, die seit meinem Rauswurf aus der DDR die Straßenseite wechselten, aber auch von Menschen, die sie plötzlich bewusst und ausdrücklich grüßten. Davon erzählte sie sogar mit einem Anflug von Stolz. Das Verhältnis zum Staat aber hatte sich komplett gewandelt. Erst als sie ihren eigenen Sohn einsperrten, wurde meiner Mutter klar, dass es Willkür war und die Gesetze nichts galten. Als sie mich dann sogar aussperrten, wurde ihr auch klar, wie weit der Staat bereit war zu gehen in seiner Menschenverachtung. »Man hat uns unseren Sohn gestohlen«, sagte sie mir immer wieder am Telefon. Diesen Satz werde ich nicht vergessen.

Und nach 37 Jahren beschlossen meine Eltern zum ersten Mal, der Volkskammerwahl vom 8. Juni 1986 fernzubleiben. Diesem Staat wollten sie keinen Gefallen mehr tun.

Erinnern

Bekenntnis zur Biografie

Kürzlich saßen in Erfurt, bei einer Veranstaltung in der Gedenk- und Bildungsstätte Andreasstraße in der ehemaligen Stasi-U-Haft, drei Männer auf dem Podium, die zu DDR-Zeiten sehr unterschiedliche Wege gegangen sind. Vielleicht wären sie vor Kurzem noch in die Schubladen Täter-Opfer-Mitläufer einsortiert worden, vielleicht wäre bis vor Kurzem noch nicht jeder von den dreien zu einem Treffen bereit gewesen.

Einer von ihnen war ich. Meine Rolle an diesem Abend sollte die des politisch Verfolgten sein. Tatsächlich hatte ich selbst ein großes Interesse daran, mich mit den beiden anderen an einen Tisch zu setzen. Mit einem ehemaligen Stasioffizier und einem Historiker, der an der Akademie der Wissenschaften der DDR geforscht hatte. Wir wollten ein offenes Gespräch führen jenseits der klaren Rollenbilder, die uns anhafteten. Ein Gespräch über die Vergangenheit, über unser Leben in der DDR.

Bernd Roth, der Stasioffizier, Jahrgang 1951, und ich, der politisch Verfolgte, Jahrgang 1953, wären uns in der DDR beinahe einmal begegnet. Im Juni 1983 war Roth Teil der Hundertschaft der Stasi, die meinen Abtransport nach Bayern gesichert hat. Irgendwo stand er mit einem Einsatzwagen an der Straße und hat aufgepasst, dass die Stasiaktion meiner Abschiebung in den Westen sicher über die Bühne ging. Rüdiger Stutz, Jahrgang 1957, hatte an der Friedrich-Schiller-Universität Jena Geschichte studiert und 1981 erfolgreich abschließen können. Von der Opposition in Jena habe er zwar etwas mitbekommen, sich aber aus der Politik herausgehalten. So beschreibt er heute seine damalige Position. 1983 arbeitete er gerade an seiner Promotion.

Unsere Jugenderinnerungen waren sich sehr ähnlich. Wir alle standen auf Rockmusik, hatten unseren Lieblingsverein im Fußball und liebten die Thüringer Landschaft. Aber unsere Weltbilder als Erwachsene waren grundverschieden. In der offenen Diskussion nach unserem Auftritt war das Publikum enorm interessiert an unseren Biografien. Es war für viele ein Bedürfnis, den Stasimann danach zu befragen, wie er heute dazu steht, dass er bei der Verfolgung der Opposition in Jena dabei gewesen war.

Bernd Roth ist einer der wenigen Stasioffiziere, die sich öffentlich und kritisch mit ihrer Rolle auseinandersetzen. »Ich habe die Leute damals als Feinde gesehen. Heute begreife ich, dass ich ihnen Unrecht angetan habe.« Das Publikum, in dem nicht wenige politisch Verfolgte saßen, zollte ihm Respekt für dieses Eingeständnis. Wenn jemand öffentlich zugibt, Unrecht begangen zu haben, ist das eine Erleichterung für alle, die damals verfolgt wurden. Bernd Roth redete offen darüber, wie er seinen Weg in die Geheimpolizei gefunden hat. »In der Schule hat es nicht so gut geklappt. Aber ich wollte etwas darstellen. Und so bin ich zur Stasi gegangen.«

Es war im Raum zu spüren, wie intensiv die Menschen sich auf die Erzählungen einließen. Wie viele eigene Erinnerungen in diesem Moment aufbrachen. Aus dem Publikum meldete sich ein Mann um die 60: »Woran liegt es denn, dass Sie alle drei so unterschiedliche Wege genommen haben?«, fragte er. Die Frage schien ihn schon länger umzutreiben; er versuchte sie gleich selbst zu beantworten. »Ich meine, am Ende scheinen es doch nur Kleinigkeiten zu sein, die den einen zum Mitmacher und den anderen zum Außenseiter haben werden lassen.« Er erinnerte sich an einen Klassenkameraden, der in den 80er-Jahren zur Armee und dann zur Polizei ging, und verglich dessen Werdegang mit seinem eigenen Lebenslauf. Er hatte in dieser Zeit mehr und mehr die Subkulturen für sich entdeckt und damit die Chance auf ein geregeltes Leben in der DDR verpasst. Er resümierte. »So weit waren wir voneinander gar nicht entfernt, und doch standen wir im Herbst 1989 auf gegenüberliegenden Seiten. Er bei den Polizisten, ich bei den Demonstranten.«

Es war ein spannender Abend. Das Erinnern an die Zeit der DDR, so schien es mir fast, steht auch 25 Jahre danach noch immer am Anfang. Miteinander reden, sich befragen, ohne schon vorher die Antworten parat zu haben, das erlebten viele an diesem Abend als befreiend. Es war etwas in Bewegung geraten, als man sich traute, die fertigen Meinungen beiseitezulegen und zu fragen: Wie war es eigentlich wirklich? Wie hat der andere gedacht, gelebt, entschieden? Wie war es bei mir?

Auch in meiner Erinnerung waren es oft Zufälligkeiten, die Menschen mehr zur Anpassung oder mehr zum Widerspruch drängten. Mit dem neuen Freund kam eine neue Clique, und schon war wieder alles anders. Mit übervorsichtigen Eltern oder der frühen Schwangerschaft der Freundin wurde es schwieriger, sich aufzulehnen. Manchmal war es das passende Buch oder der emotionale Liedtext zum richtigen Zeitpunkt, mit dem man sich zum Widerspruch ermutigt fühlte. Jeder Faktor für sich kann den Ausschlag für Gewöhnen, Schweigen oder Mitlaufen geliefert haben oder für das Überwinden der Angst und für das Widersprechen. Und doch ist es keine mathematische Gleichung. Allerdings: Das Verhalten jedes Einzelnen hatte Folgen für das Ganze. Wie ist es dazu gekommen, dass ein alter Fußballkumpel von mir in Uniform in einem Polizeiauto saß, das mich zu einer Vernehmung brachte? Als Jugendliche waren wir Teil einer Mannschaft gewesen, und jetzt, 1981, waren wir Gegner. Oft ist es mir in der kleinen Stadt Jena so gegangen, dass ich mich gefragt habe, was ist in der Zwischenzeit geschehen, dass sich Menschen plötzlich auf gegnerischen Seiten wiederfanden.

Als ich bei einer Faschingsfeier im Jenaer Volkshaus eine nette Arbeitskollegin mit ihrem Mann traf, stockte mir für einen kleinen Moment der Atem. Ihr Mann – das war der Stasioffizier, der versucht hatte, mich anzuwerben, und der mich dann später ins Gefängnis nach Gera fahren sollte. Ich habe mir manchmal vorzustellen versucht, welche Gespräche die beiden wohl am Abendbrottisch geführt haben. Hier meine freundliche Kollegin und dort ihr Mann, der Stasioffizier. »Wie war es heute bei der Arbeit?« »Stell dir vor, ich habe den Jahn nach Gera gefahren, den kennst du doch? Da ist jetzt mal ein Ende abzusehen, der geht in U-Haft.« »Ach, im Betrieb ist er immer ganz lustig.« Vermutlich haben sie aber einfach nur geschwiegen oder sich über das Wetter und alles Mögliche andere unterhalten – nur nicht darüber, was wirklich geschehen ist. Und vielleicht denken sie heute noch, dass es eben nun mal so war. Dass sich der Staat damals eben gegen seine »Feinde« verteidigen musste und der Mann doch nur seiner Arbeit nachgegangen ist, doch nur nach den geltenden Gesetzen gehandelt hat. Wie haben sie diese seltsame Situation damals empfunden? Tragen sie noch die Erinnerung mit sich? Ist sie eine Last, oder ist einfach alles vergessen?

Wer schlug warum welchen Lebensweg ein? Welche Konsequenzen hatte das für das Ganze, für das Funktionieren der Diktatur? Was ist mein Anteil an dieser Diktatur? Die Frage nach der individuellen Verantwortung beschäftigt mich, und ich finde keine einfache Antwort. Wenn ich mit Menschen über die DDR rede, erinnern sie sich in der Regel zuerst daran, was ihnen missfallen hat an dem Staat. Wie sehr sie in Distanz zu ihm waren. Oder wie sie sich trotz der Widrigkeiten ihr Leben zu organisieren versuchten. Ihre eigene Rolle im System kommt selten zur Sprache. Vielleicht ist das Klima dafür nicht sonderlich günstig. Wer ein bisschen mehr über sein Leben in der DDR erzählen will, über das Leben in den vorgeschriebenen Bahnen, über das Mitlaufen und das Eintakten, der hat oft Angst, belächelt oder sogar angegriffen zu werden. »Wie soll man sich offen machen, wenn man gleich in eine Ecke gestellt wird?«, fragen mich Leute immer wieder. Ich kann nur dazu ermuntern, es zu versuchen. Die Erfahrungen, die Menschen damit machen können, sind überraschend. Ob er bei der Bewerbung zum öffentlichen Dienst sagen solle, dass er sich als junger Mann zur inoffiziellen Mitarbeit bei der Stasi verpflichtet hatte, fragte mich vor Kurzem ein Bürger. Er hatte sich lange schon von dieser Zuträgerschaft distanziert und sie als Fehler eingesehen. Doch damit heute umzugehen, das stellte ihn vor ein Dilemma. »Rede ich darüber, bekomme ich den Job nicht. Verschweige ich es, lebt eine Lüge weiter, und meine Einsicht in das Unrecht ist damit begraben.« Ich habe ihm geraten, offen damit umzugehen und sehr ausführlich die Umstände der Verpflichtung, aber auch seine Auseinandersetzung damit darzulegen. »Nutzen Sie es als Chance, die Last loszuwerden, selbst wenn es ein Risiko ist, dass das Bekenntnis nicht akzeptiert wird.« Nach einiger Zeit erreichte mich eine Nachricht von ihm. »Danke! Es war ein gutes Gespräch. Ich habe die Stelle bekommen.«

Einen Automatismus kann es im Umgang mit der Vergangenheit nicht geben. Ein formales Bekenntnis ist nicht per se schon ausreichend. Die Dimension des Unrechts spielt eine Rolle, die Ernsthaftigkeit der Auseinandersetzung, die Glaubwürdigkeit des Erzählers. Es könnten sich viel mehr Menschen mit der Frage der individuellen Verantwortung beschäftigen, damit wir bessere Antworten finden für das lange Funktionieren der DDR. Die Systemträger, die SED-Funktionäre, die Stasioffiziere, aber auch diejenigen, die durch Mitlaufen, Schweigen oder Mitmachen das System gestützt haben.

Mir ist es wichtig, dass ich mich zu meiner gesamten Biografie bekennen kann. Zu den mutigen Momenten, aber auch zu den schwachen und zu den Momenten der Anpassung. Die Formulierung vom »Bekenntnis zur Biografie« stammt von meinem Freund Jürgen Fuchs. Immer wieder hat es auch ihn nicht losgelassen zu untersuchen, zu beschreiben, was das SED-Regime mit Menschen angestellt hat. Er war voller Wärme und Offenheit für die Unzulänglichkeiten von Menschen und voller Klarheit bei der Benennung von Unrecht, immer bereit, auch das Unbequeme zu sagen. Er war der festen Überzeugung, dass die Erkenntnis über unser Verhalten in der Vergangenheit uns Lebenshilfe für die Zukunft sein kann. Und dass das nur dann gelingen kann, wenn wir uns zu unserer gesamten Lebensgeschichte bekennen. Viel zu früh ist Jürgen im Mai 1999 im Alter von 48 Jahren gestorben.

Zugegeben, der Weg zu einer ehrlichen Erinnerung ist lang. Nicht zuletzt, weil wir uns schon viel zu lange in Klischees über die DDR unterhalten. Über Schuld und Mitschuld. Über die Täter und die Repression. Darauf reagieren nicht wenige, die die DDR selbst erlebt haben, mit einem Verteidigungsreflex. Aus meiner Sicht scheuen sie sich vor einer vielleicht unbequemen Erkenntnis. Denn unser Leben in der DDR ist Teil der funktionierenden Diktatur gewesen.

Darum sind Erinnerungen wie die von Dora Claussner, die bis in die frühen 70er-Jahre im Sperrgebiet an der deutsch-deutschen Grenze zu Bayern lebte, besonders wichtig. Sie hat ihr Leben in den Bahnen der SED gelebt, obwohl es ihr nicht gefiel. Sie hat versucht, so gut und aufrecht wie möglich durchzukommen, und hat doch auch deutliche Worte für ihre Rolle gefunden:

»Zur Wahl ging ich, ja. Gleich am Vormittag, dann hatte man es hinter sich. Man wollte da nicht auffallen. Wir dachten: Das Leben ist eben so. Als Rentner dürfen wir dann in den Westen fahren ... Da war man meistens ruhig. Widerstand war sinnlos, das machte man nicht: Wenn man Familie hat, dann legt man sich nicht mit denen an. Das bringt bloß Ärger ...

Ich konnte es nicht leiden, dass ich in diesem Staat so bevormundet wurde. Ich weiß selber, was ich tue. Dieses Eingesperrtsein, die ganze Propaganda, dieses alberne Getue. Dass man die Leute hier so unterdrückte. Dass die Dummen das Sagen hatten. Mitunter waren sie gar nicht dumm und haben dumm getan. Mitlaufen in der DDR? Es war nicht richtig, und doch haben's die meisten gemacht. Wir waren brav. Es war leichter, wenn man nicht selber denkt und nichts zu unternehmen braucht, wenn ich's einfach mitmache. So habe ich eben zum Teil auch mitgemacht. Immer wieder machen die Leute mit.«[45]

Claussners ehrliche Erinnerung an das Leben in der DDR macht frei und offen für ein Gespräch. Sie hat auch etwas formuliert, was mich antreibt: die Erinnerung hervorzukramen, sie lebendig zu machen. »Immer wieder machen die Leute mit.« Ich glaube, dass im Erinnern eine große Chance liegt, dass uns das Erzählen sensibilisieren kann dafür, wann wir wieder »mitmachen« – auch heute. Die Beschäftigung mit der Vergangenheit kann als Kompass für unser Leben heute dienen. Vergessen oder verdrängen befreit ja nicht, egal, wie lange es her ist. Jeder kann sich selbst hinterfragen. Jeder kann selbst am besten bewerten, ob er auch anders hätte handeln können, ob die Umstände das zugelassen hätten.

Was war der Preis der Anpassung? Der Preis dafür, dass man sich mit den Regeln arrangierte, die der Staat einem aufzwang? Ein begrenztes Sichtfeld, ein viel zu klein gelebtes Leben. Wie sehr zum Beispiel die Mauer eingegraben war im Denken und Fühlen, das habe ich selbst erst begriffen, als ich sie hinter mir gelassen hatte. Das war 1983, nach meinem Rauswurf aus der DDR. In einem Bus in Griechenland, bei einem meiner ersten Urlaube, saß ich mit vielen anderen jungen Rucksacktouristen auf den Bänken und lauschte fasziniert einem bunten Sprachgewirr. Englische, französische, italienische, deutsche und türkische Satzfetzen schwirrten durch die Luft. Mein Kopf bewegte sich in alle Richtungen. Diese Vielfalt machte mir besonders deutlich, wie eingeschränkt ich in meinen Möglichkeiten gewesen war in der DDR. Wie sehr das ganze Land auf sich selbst beschränkt blieb. Eingemauert. Abgeschnitten. Ohne

Chance auf Durchlüftung. Geistige Durchlüftung. Die Menschen erstarrt in einer erzwungenen Akzeptanz dieser Mauer, die eben nicht nur eine geografische Grenze darstellte, sondern auch eine Begrenzung im Kopf. Dass ich ausgerechnet in einem stickigen, engen Bus die ganze Weite der Welt gefühlt und die Weite des Denkens begriffen habe, das hat mich aufmerken lassen. Dieses Wissen hat geschmerzt. All die vertane Lebenszeit, die kleine Welt, die wir uns gebaut haben. All die kleinen Lügen, die wir uns erzählt haben. Wir tragen sie noch mit uns. Aber sich das bewusst zu machen ist ein großer Schritt nach vorn.

Als ich mich im Juni 2012 mit einer Gruppe Jugendlicher für eine Geschichts-Werkstatt am Museum des früheren deutsch-deutschen Grenzortes Probstzella traf, war ich überrascht, wie engagiert und konkret sie über die DDR diskutierten. Wie hat das Leben funktioniert in der DDR? Wie hat es sich angefühlt – mitzumachen, sich zu verweigern, bei den Jungen Pionieren zu sein, von der Uni zu fliegen? Sie haben sich vorgestellt, ein junger Mensch in der DDR zu sein und die eigene Zukunft zu planen. Wären sie an die Uni gegangen? Zum Grenzdienst? Wären sie bereit gewesen, auf Flüchtende zu schießen? Intensiv haben die 15- bis 18-Jährigen diskutiert, ob sie mitgemacht oder sich verweigert hätten. So nah waren sie in ihrer Vorstellung an die Konflikte in der DDR gerückt, dass einige von ihnen sagten, sie wären schon hingegangen zum Grenzdienst, weil sie studieren wollten – obwohl sie die Grenze insgesamt schrecklich fanden. Sie waren hin- und hergerissen zwischen Verständnis und Verurteilung.

Das Erzählen über die DDR – es ist auch eine große Chance für die nächsten Generationen, die es nicht erlebt haben. Sie können ihre Sinne schärfen, indem sie begreifen, was es heißt, wenn Rechte eingeschränkt sind, und es kann sie nachdenken lassen über die Einschränkung von Rechten heute. Es kann sie sensibilisieren für die Konsequenzen der Entscheidungen, die sie heute treffen. Und sie haben in der Geschichtserzählung ein gutes Vorbild. Am Ende ist es den Menschen in der DDR gelungen, sich aus den Zwängen zu befreien und das Unrecht zu überwinden. Und das ist eine Botschaft, die wir immer und immer wieder brauchen: Gesellschaft ist veränderbar.

Mein Plädoyer für das Erzählen, für das Erinnern hat noch einen weiteren wichtigen Grund. Wir haben uns als Menschen Verletzungen zugefügt. Darüber sollten wir reden, sonst gibt es keine Chance auf Heilung. Der Preis für den Widerspruch, er war hoch. Und auch Anpassung hatte einen Preis. Bis heute tragen die Menschen daran.

Mit dem Ende der DDR haben wir in meiner Familie angefangen, über das zu sprechen, was geschehen ist. Wir haben uns erinnert. Es war ein langer Prozess, eine Annäherung an das Vergangene über viele Jahre. Die Freude über unser Wiedersehen war groß. Meine Eltern erlebten mich nun als Journalisten, der sich intensiv mit dem Ende der DDR und dem Übergang in ein vereintes Deutschland beschäftigte. Jetzt konnten sie meine Arbeit bei der ARD wirklich wertschätzen und sie nicht als Quelle von Gefahr sehen. Unsere Gespräche aber, sie landeten irgendwann unweigerlich wieder bei der Vergangenheit. Der Streit mit meinem Vater, unsere Auseinandersetzungen über seinen und meinen Lebensweg in der DDR, er schwelte immer noch.

Immer wieder haben wir gesprochen und dabei all unsere alten Streitpunkte wiederholt. Er beschrieb seine Entrüstung über mein Engagement für Wolf Biermann, das ihm Ärger im Betrieb machte. Seine Enttäuschung über meinen Rauswurf von der Uni. Seinen Frust über mein Unvermögen, zurück zum Studium zu gehen. »Du warst einfach rücksichtslos. Dich hat es nicht interessiert, was aus deinem Vater wird. Meine Gesundheit war dir doch völlig egal.« Und bei mir kam der Unwille gegen seine Bevormundung wieder hoch, auch der Stress über den Druck, den er mir gemacht hatte, sich so zu verhalten, wie er es wollte. Seine stete Aufforderung, sich gefälligst an seine Lebensweise zu halten – all das habe ich ihm vorgehalten. Ich wollte mehr Verständnis für meinen Weg, für meine Erkenntnis, dass deutlicher Widerspruch angebracht gewesen wäre. »Wenn alle so angepasst gewesen wären wie du, gäbe es heute noch die Mauer.« Das war der Höhepunkt meiner Wut gegen ihn.

Es war ein heftiger Beginn. Doch die Beschäftigung mit der Geschichte, mit vielen Details, sie hat uns beide umdenken lassen. Es waren Stasiakten über unsere Familie, die ihm einen Weg wiesen, sich ein neues Bild von unserem Leben in der DDR zu machen. Im Detail nachzuvollziehen, wie umfassend der Staat in unser beider Leben eingegriffen hatte, setzte bei ihm etwas in Gang. Nach und nach hat er sich bewusst gemacht, wie dieser Staat wirklich funktionierte. Als mein Vater 1994 von seinem Fußball-Club rehabilitiert wurde und die Enquete-Kommission des Bundestags zur Aufarbeitung der SED-Diktatur in Jena tagte, war er so inspiriert, dass er auf seine Art das Geschehen beschreiben wollte.

Er begann eine eigene Forschungsarbeit über das Wirken der Stasi beim FC Carl Zeiss Jena. Aber auch unsere Familiengeschichte reflektierte er in einer kleinen Broschüre des Landesbeauftragten für die Stasiunterlagen in Thüringen. Unter dem Titel »*Du bist wie Gift.« Erinnerungen eines Vaters* erstellte er eine Chronologie dieser Zeit in vielen Zeitzeugnissen. Er fand Schriftstücke von Parteifunktionären an Uni und Stadtverwaltung, von IM und Sportfunktionären, die alle mit der Stasi zusammen aktiv waren, und zeichnete mein Leben und die konkret erlebte Sippenverfolgung nach meinem Rauswurf nach. »Auf Grund der üblen Tätigkeiten von Roland bist du nicht erwünscht«, hieß die Begründung für seine Ausladung von der Feier zum 20-jährigen Bestehen des Fußball-Clubs 1987. Über dieses intensive Aktenstudium ist er auch zu dem Schluss gekommen, es sei richtig gewesen, dass ich mich gegen die Zumutungen der DDR gewehrt hatte. Es hat mir gutgetan zu merken, dass mein Vater mich doch noch verstanden hat.

Für mich hat es eine Weile länger gedauert, bis ich mir eingestehen konnte, dass ich vielleicht an der einen oder anderen Stelle auf meinen Vater hätte Rücksicht nehmen sollen. Je mehr Zeit verging, desto häufiger kam mir tatsächlich der Gedanke, dass ich in meinem Drang zu widersprechen vielleicht auch rücksichtslos gewesen war. Dass die Sorgen und all der Ärger für meine Familie, die »Sippenverfolgung« etwas waren, das durch mein Handeln ausgelöst wurde. In der DDR zu leben, das hatten sich weder meine Eltern noch meine Geschwister ausgesucht. Sie hatten versucht, das Beste daraus zu machen. Dass sie nach meinem Rauswurf aus der DDR ins Abseits gestellt wurden, das – so machte ich mir klar – habe ich durch mein Verhalten hervorgerufen. Wir lebten in einem System, das den Einsatz für Menschenrechte auch dadurch bestrafte, indem es die Familie in Haftung nahm. Das Schuldgefühl, ich trage es in mir, obwohl es die Stasi und die Sportfunktionäre waren, die meine Familie »bestraft« haben. Ursache und Wirkung, auch dieses Verhältnis hat die SED auf den Kopf gestellt.

Die wichtigste Erkenntnis aus unserer privaten Aufarbeitung, der wir uns als Vater und Sohn gestellt haben, war: Vorwürfe helfen am Ende nicht sonderlich viel. Wir waren alle gefangen in der Situation und haben gehandelt, so gut wir es vermochten. Dass wir uns danach aber über alles verständigen konnten, das hat uns friedvoll gestimmt. Als mein Vater 2005 gestorben ist, wussten wir beide, dass wir miteinander im Reinen sind.

Ein Dank

Vorn steht ein Autorenname auf dem Buch, aber das, was zwischen den Deckeln zu lesen ist, ist das Werk vieler. Ein ganzes Leben voller Begegnungen und Austausch, Konfrontationen und Inspirationen hat zu diesem Buch beigetragen. Ich danke allen, die mir Denkanstöße gegeben haben.

Aber ganz konkret wäre dieses Buch nicht entstanden ohne den Anstoß, die Weitsicht und Kompetenz von Kristin Rotter vom Piper Verlag, die den Prozess der Entstehung mit ihrer klugen, niemals aufdringlichen, aber beharrlichen Art über die Ziellinie gebracht hat. Gedankt sei auch Anett und Paul, die geduldig die Zumutungen einer intensiven Schreibphase ertragen haben und immer wieder Kraftquelle waren. Und schließlich wäre ich nicht hier und der, der ich bin, ohne Lilo und Walter Jahn. Danke!

Anhang

Literatur

Andreas H. Apelt, Robert Grünbaum. Martin Gutzeit (Hg.), *Schöner Schein und Wirklichkeit. Die SED-Diktatur zwischen Repression, Anpassung und Widerstand*, Berlin 2013

Jürgen Fuchs, *Gedächtnisprotokolle*, Reinbek 1977
Ders., *Vernehmungsprotokolle*, Reinbek 1978
Ders., *Fassonschnitt*, Reinbek 1984
Ders., *Das Ende einer Feigheit*, Reinbek 1984
Ders., *Das Ende einer Feigheit*. Audiobuch, Hamburg 2010
Ders., *Landschaften der Lüge*. Audiobuch, Hamburg 2013

Roman Grafe (Hg.), *Die Schuld der Mitläufer. Anpassen oder Widerstehen in der DDR*, München 2009

Uwe Hoßfeld, Tobias Kaiser, Heinz Mestrup (Hg.), *Hochschule im Sozialismus. Studien zur Geschichte der Friedrich-Schiller-Universität Jena (1945–1990)*, 2 Bände, Köln 2007

Walter Jahn, *»Du bist wie Gift.« Erinnerungen eines Vaters*, Erfurt 1996

Freya Klier, *Matthias Domaschk und der Jenaer Widerstand*, Leipzig 2011

Sabine Rennefanz, *Eisenkinder. Die stille Wut der Wendegeneration*, München 2013

Udo Scheer, *Vision und Wirklichkeit. Die Opposition in Jena in den siebziger und achtziger Jahren*, Berlin, 1999

Siebenpfeiffer-Stiftung, *Dokumentation der 3. Preisverleihung am 8. November 1991*, Homburg 1991

Matthias Storck, *Karierte Wolken. Lebensbeschreibungen eines Freigekauften*, Gießen 2010

Heiner Sylvester, *Wir wollten nur anders leben. Erinnerungen politischer Gefangener im Zuchthaus Cottbus*, Menschenrechtszentrum Cottbus 2013

Personen

Thomas Auerbach
Geboren 1947 in Leipzig. Lehre als Elektromonteur. 1965 Anwerbeversuch der Stasi, was er verweigert. Ausbildung zum Diakon bei der evangelischen Kirche. Seit 1971 Stadtjugendwart in Jena. 1976 nach Protesten gegen die Biermann-Ausbürgerung verhaftet und 1977 nach West-Berlin abgeschoben. War bis 2009 Mitarbeiter der Bundesbeauftragten für die Stasiunterlagen.

Rolf »Beile« Beilschmidt
Geboren 1953 in Jena. Hochsprung-Spitzensportler, von 1974 bis 1979 DDR-Meister. »DDR-Sportler des Jahres« 1977. Errang auch internationale Titel. Nach seiner aktiven Zeit Sportfunktionär. Seit 2001 Hauptgeschäftsführer des Landessportbunds Thüringen.

Stefan Berg
Geboren 1964 in Ost-Berlin. Aufgewachsen in einer christlichen Familie. Verweigerte den Dienst an der Waffe als Bausoldat. Begann seine journalistische Ar-

beit bei Kirchenzeitungen der DDR. Seit 1996 Redakteur beim Nachrichtenmagazin *Der Spiegel*.

Wolf Biermann

Geboren 1936 in Hamburg. Siedelte 1953 in die DDR über. Wurde Dichter, Sänger und Liedermacher. Erhielt 1965 Auftrittsverbot wegen seiner Kritik an der Parteidiktatur und wurde 1976 während einer Konzerttournee in der Bundesrepublik ausgebürgert. Im Zusammenhang mit der Ausbürgerung kam es in der DDR zu vielfältigen Protesten, denen Staat und Partei mit großer Härte und Repression begegneten. Biermann war dann in der Bundesrepublik als Schriftsteller und Liedermacher bis heute erfolgreich. Er wurde mit zahlreichen großen Literaturpreisen geehrt. Seine Gedichtbände zählen zu den meistverkauften der deutschen Nachkriegsliteratur.

Roland Brauckmann

Geboren 1959 in Rochlitz. Machte eine Lehre als Schriftsetzer und engagierte sich in der offenen Jugendarbeit und bei den Friedensdekaden »Schwerter zu Pflugscharen«. Mit 22 Jahren von der Stasi inhaftiert und an Ostern 1983 in die Bundesrepublik freigekauft. Er arbeitet heute bei Amnesty International als Menschenrechtsexperte für Nordkorea und für das Zentrum für Menschenrechte in Cottbus.

Matthias »Matz« Domaschk

Geboren 1957 in Görlitz. Begann 1974 seine Ausbildung als Feinmechaniker in Jena. Beteiligte sich 1976 an Protesten gegen die Ausbürgerung von Wolf Biermann und wurde vom Abiturkurs ausgeschlossen. Besuchte Vertreter der Charta 77 in Prag und die Streikenden auf der Danziger Lenin-Werft im Sommer 1980. Am 12. April 1981 starb er nach langen Verhören in der Stasi-U-Haft in Gera unter nicht exakt geklärten Umständen. Er war 23 Jahre alt.

Jörg Drieselmann
Geboren 1955 in Erfurt. Mit 18 Jahren als »Rädelsführer einer staatsfeindlichen Gruppierung« verhaftet. 1976 von der Bundesregierung freigekauft. Seit 1992 Geschäftsführer des Bürgervereins ASTAK und Leiter des Stasimuseums in »Haus 1« (ehemalige Stasizentrale).

Jürgen Engert
Geboren 1936 in Dresden. Ging Mitte der 50er-Jahre in die Bundesrepublik. Ab Anfang der 60er-Jahre Journalist. Langjähriger Chefredakteur des Sender Freies Berlin und Gründungsdirektor des ARD-Hauptstadtstudio Berlin.

Petra Falkenberg
Geboren 1957 in Jena. Berufsabschluss zur Medizinisch-technischen Assistentin. 1979 Geburt der mit Roland Jahn gemeinsamen Tochter Lina. Von 1980 bis 1983 nimmt sie an verschiedenen oppositionellen Aktionen zusammen mit ihrem Freundeskreis und der Friedensgemeinschaft Jena 1983 teil. Vom 14. Januar bis 24. Februar 1983 in Untersuchungshaft der Staatssicherheit in Gera wegen Staatsverleumdung, § 220 Absatz 1 und 2 des Strafgesetzbuchs der DDR. Am 20. Mai

1983 wird sie nach West-Berlin ausgebürgert. Seit 1984 arbeitet sie als Medizinisch-technische Assistentin an der FU Berlin.

Jürgen Fuchs
Geboren 1950 in Reichenbach. Kritisierte den sowjetischen Einmarsch in Prag 1968 und wurde daher zunächst nicht zum Studium zugelassen. 1971 Beginn des Studiums der Sozialpsychologie in Jena. 1973 Eintritt in die SED. 1975 Ausschluss aus der SED und Exmatrikulation von der Universität. Umzug nach Ost-Berlin. Verhaftung im November 1976 nach seinem Protest gegen die Ausbürgerung des Liedermachers Wolf Biermann. Festnahme und Haft, Entlassung in die Bundesrepublik Deutschland im September 1977. Von dort aus Arbeit als Schriftsteller und Unterstützer der Opposition in der DDR. Nach dem Mauerfall intensive Auseinandersetzung mit dem Wirken der Staatssicherheit als Forscher und Beiratsmitglied der Stasiunterlagen-Behörde, Arbeit als Psychologe und Schriftsteller. Jürgen Fuchs starb im Mai 1999 an einer Krebserkrankung in Berlin.

Chris Gueffroy
Geboren 1968 in Pasewalk. Ausbildung zum Kellner. Wollte wegen verschiedener Konfrontationen die DDR verlassen. Bei dem Versuch, mit einem Freund die Grenze nach West-Berlin zu überwinden, wurde er in der Nacht vom 5. auf den 6. Februar 1989 vor dem letzten Grenzzaun erschossen. Er war der letzte »Mauertote«, der durch den Einsatz von Schusswaffen ums Leben kam.

Christian »Kuno« Kunert
Geboren 1952 in Leipzig-Gohlis. Als Kind Mitglied des Leipziger Thomanerchors. Abitur trotz Nichtmitgliedschaft in der FDJ. 1971 Keyboarder bei der Klaus Renft Combo. 1976 nach Protesten gegen die Biermann-Ausbürgerung mit Fuchs und Pannach verhaftet. 1977 mit den beiden nach West-Berlin ausgebürgert.

Gerulf Pannach
Geboren 1948 in Arnsdorf. Seit 1972 freischaffender Künstler. Auftritte mit der Klaus Renft Combo, 1974 auch mit Christian Kunert und Jürgen Fuchs. 1976 nach Unterzeichnung der Protesterklärung gegen die Biermann-Ausbürgerung verhaftet und im August 1977 mit Kunert und Fuchs nach West-Berlin ausgewiesen. Gestorben im Mai 1998 an einer Krebserkrankung in Berlin.

Raimon (Ramón Pelegero Sanchis)
Geboren 1940 in Játiva in der spanischen Provinz Valencia. Spanisch-katalanischer Liedermacher und Protestsänger. Gehörte unter der Franco-Diktatur zu den wichtigsten Köpfen des Nova Cançó. 2014 mit dem Premio de Honor de las Letras Catalanas geehrt.

Lutz Rathenow
Geboren 1952 in Jena. Studium als Lehrer für Deutsch und Geschichte. Leitete den oppositionellen Arbeitskreis Literatur und Lyrik in Jena. 1976 nach Biermann-Ausbürgerung festgenommen und 1977 exmatrikuliert. Später in Ost-Berlin freier Schriftsteller. 1980 nach Buchveröffentlichung im Westen erneut kurzzei-

tig verhaftet. Aktiv in der Friedens- und Bürgerrechtsbewegung. Seit 2011 Sächsischer Landesbeauftragter für die Stasiunterlagen.

Siegfried Reiprich
Geboren 1955 in Jena. 1973 Gründungsmitglied des Arbeitskreises Literatur und Lyrik Jena. 1976 wegen kritischer Äußerungen zur SED exmatrikuliert. 1981 zur Aussiedlung nach West-Berlin genötigt. Seit 2009 Geschäftsführer der Stiftung Sächsische Gedenkstätten.

Sabine Rennefanz
Geboren 1974 in Beeskow. Arbeitet als Journalistin und Autorin, u. a. für die *Berliner Zeitung*. Erhielt mehrere renommierte Auszeichnungen und Preise für ihre Reportagen und Texte.

Peter »Blase« Rösch
Geboren 1953 in Jena. Gelernter Feinmechaniker. 1975 festgenommen und wegen »Verunglimpfung« prügelnder Polizisten verurteilt. Gemeinsames Engagement mit Matthias Domaschk im illegalen politischen Lesekreis in der Friedensbewegung. Verließ die DDR 1982 und arbeitete als Restaurateur im Deutschen Technikmuseum Berlin.

Friedrich Schorlemmer
Geboren 1944 in Wittenberg. Evangelischer Theologe und Bürgerrechtler. Von 1971–78 Studentenpfarrer in Merseburg, dann Prediger an der Schlosskirche Wittenberg. Verantwortete die symbolische Aktion »Schwer-

ter zu Pflugscharen«. Gehörte 1989 zu den Erstunterzeichnern des Aufrufs »Für unser Land«, in dem sich die Initiatoren gegen eine Wiedervereinigung und für den Erhalt einer DDR mit »demokratischem Sozialismus« aussprachen. Kurzzeitig Mitglied im Demokratischen Aufbruch, dann Eintritt in die SPD. Engagiert sich seit Jahren gegen die Gefahren der Globalisierung.

Werner Schulz
Geboren 1950 in Zwickau. Seit den 70er-Jahren in der kirchlichen Friedens-, Ökologie- und Menschenrechtsbewegung der DDR. Wegen Protest gegen Sowjet-Einmarsch in Afghanistan kurz vor Abschluss seiner Dissertation der Universität verwiesen. Ab Herbst 1989 aktiv im Neuen Forum. 1990 bis 2005 für Bündnis 90/Grüne im Bundestag. 2009 bis 2014 Mitglied des Europaparlaments.

Matthias Storck
Geboren 1958 als Pfarrerssohn im Eichsfeld. Lernte Buchhändler, studierte anschließend evangelische Theologie. Noch als Student wegen seines Engagements gegen den Wehrkundeunterricht in der DDR unter dem Vorwand der geplanten Republikflucht verhaftet. Von der Bundesregierung 1981 freigekauft. Heute Pfarrer in Herford/Westfalen.

Arnold Vaatz
Geboren 1955 in Weida. Ausbildung zum Dipl.-Mathematiker. 1982/83 Haftstrafe wegen Reservewehrdienstverweigerung. 1989 Mitarbeit in der »Gruppe der 20« und maßgeblich beteiligt an der Besetzung der Stasi-

bezirksverwaltung Dresden. 1989 Neues Forum, ab 1990 CDU-Mitglied. 1990–1992 Sächsischer Staatskanzlei-Minister, 1992–98 Sächsischer Staatsminister für Umwelt und Landesentwicklung. Seit 2002 stellv. Vorsitzender der CDU/CSU-Bundestagsfraktion.

Stefan Wolle
Geboren 1950 in Halle/Saale. Studium der Geschichte (1972 aus politischen Gründen für ein Jahr relegiert). Bis 1985 wissenschaftlicher Mitarbeiter der Akademie der Wissenschaften der DDR. Sachverständiger für MfS-Akten, Referent bei der Stiftung zur Aufarbeitung der SED-Diktatur; seit 2002 Mitarbeiter des Forschungsverbunds SED-Staat der FU Berlin und seit 2005 Wissenschaftlicher Leiter des DDR-Museums in Berlin. Zahlreiche Veröffentlichungen zur Geschichte der DDR.

Anmerkungen

[1] Wolf Biermann, »Buntes Grau. Ein paar Details«, in: Roman Grafe (Hg.), *Die Schuld der Mitläufer. Anpassen oder Widerstehen in der DDR*, München 2009, S. 13.

[2] In: Andreas A. Apelt/Robert Grünbaum/Martin Gutzeit (Hg.), *Schöner Schein und Wirklichkeit. Die SED-Diktatur zwischen Repression, Anpassung und Widerstand*, Berlin 2013, S. 44.

[3] Zitiert nach *Neues Deutschland* vom 17.11.1976.

[4] Zitiertnach: http://www.jugendopposition.de/index.php?id=1248.

[5] Tatsächlich gab es dieses Ritual: Manchem wird der 13. Dezember, der »Tag der Pioniere«, noch erinnerlich sein. Es war der Tag, an dem man auch zeremoniell bei den Pionieren aufgenommen wurde und den Pionierausweis ausgehändigt bekam.

[6] Diese Wahrnehmung bestätigen die Zahlen sogar noch für das Jahr des Mauerfalls: 1989 waren fast zwei Millionen Schülerinnen und Schüler in der DDR Mitglieder der Pionierorganisation, entweder als »Jungpioniere« (Schüler der Jahrgangsstufen eins bis drei) oder als »Thälmannpio-

niere« (zu denen man automatisch mit Beginn der vierten Klasse aufstieg) – 98 Prozent der Schülerschaft. Wenn es in der DDR auch sonst überall bröckelte, die staatliche Organisation der Jugend funktionierte – zumindest auf dem Papier – bis zum Schluss nahezu perfekt.

[7] *Spiegel* 37/1961, S. 23.
[8] Ebd.
[9] Sabine Rennefanz, *Eisenkinder. Die stille Wut der Wendegeneration*, München 2013, S. 37.
[10] Stefan Wolle in: *Schöner Schein und Wirklichkeit*, a.a.O., S. 44 f.
[11] Jürgen Fuchs, *Gedächtnisprotokolle. Der Ausschluß*, Reinbek 1977, S. 57.
[12] Festvortrag von Jürgen Engert bei der 3. Preisverleihung des Siebenpfeiffer-Preis 1991. Dokumentation, Homburg 1991, S. 12 f.
[13] Zitiert nach *Neues Deutschland* vom 9. April 1975, S. 1.
[14] Jürgen Fuchs, »Die Fahne«. In: *Gedächtnisprotokolle*, a.a.O., S. 81.
[15] Horst Schmidt, »Sie morden wieder auf Befehl«, in: Roman Grafe, a.a.O., S. 146.
[16] A.a.O, S. 147.
[17] Sabine Rennefanz, a.a.O., S. 53.
[18] Gesagt am 17.12.1971 auf der 4. Tagung des ZK der SED, veröffentlicht im *Neuen Deutschland* am 18.12.1971.
[19] Jürgen Fuchs, »Der Brief«, in: *Gedächtnisprotokolle*, a.a.O., S. 35.
[20] Jürgen Fuchs, a.a.O., S. 36.
[21] Ebd.
[22] Beschrieben nach: http://www.bstu.bund.de/DE/Presse/Themen/Hintergrund/20130403_volksentscheid-1968.html?nn=3418830.

[23] Zitiert nach einer Veranstaltung der Stiftung Aufarbeitung am 18.2.2013.
[24] Zitiert nach einer Veranstaltung der Stiftung Aufarbeitung am 18.2.2013, Audio-Datei auf Homepage.
[25] Zitiert nach dem Dokumentarfilm »Für Mick Jagger in den Knast«. Archivmaterial »Aktuelle Kamera« vom 7.10.1969.
[26] Rathenow, in Grafe, *Die Schuld der Mitläufer*, a.a.O., S. 76.
[27] A.a.O., S. 78.
[28] A.a.O., S. 74.
[29] Freya Klier, *Matthias Domaschk und der Jenaer Widerstand*, Bürgerbüro Jena 2007, S. 34.
[30] Rathenow, in Grafe, a.a.O., S. 76.
[31] Eingeklebtes Vorwort zum Bändchen *Vom Sinn des Soldatenseins*, 8. Auflage, Minister des Innern und Chef der Deutschen Volkspolizei Generaloberst Dickel.
[32] Freya Klier, a.a.O., S. 46.
[33] Jürgen Fuchs, »Die Lüge«, in: *Gedächtnisprotokolle*, a.a.O., S. 37.
[34] Ebd.
[35] Matthias Storck, *Karierte Wolken*, Gießen 2010, S. 28.
[36] A.a.O., S. 29.
[37] Jürgen Fuchs, *Das Ende einer Feigheit*, Reinbek 1984, S. 11.
[38] A.a.O., S. 38.
[39] Zitiert nach Jürgen Fuchs, *Gedächtnisprotokolle*, Reinbek 1977, S. 116.
[40] Zitiert nach »Lernt Polnisch«. Solidarność, die DDR und die Stasi. Heft zur Ausstellung des BStU. 2014
[41] Drieselmann in *Berliner Kurier* vom 30.6.2006.
[42] Jörg Drieselmann in: Heiner Sylvester (Hg.), *Wir wollten nur anders leben*, Cottbus 2013, S. 171.
[43] Walter Jahn, *»Du bist wie Gift«, Erinnerungen eines Vaters*, Erfurt 1996, S. 8.

[44] A.a.O., S. 9.
[45] Dora Claussner, »Wir waren brav. Mal mehr, mal weniger«, in: Roman Grafe, *Die Schuld der Mitläufer*, a.a.O., S. 70, 72 f.